생각의 연금술

JAMES ALLEN

생각의 연금술

생각이 인생의 예언이 되는 순간

CHANGING FATE

지은이 | 대처럴 옮김

포레스트북스

프롤로그

**"사람을 성공하게 하거나 몰락하게 하는 것은
다른 누구도 아닌 자기 자신이다."**

**"기억하라. 당신은 처음에 꿈꾸던 것보다
더 큰 성공을 이루기 위해서만 실패할 것이다."**

이 짧은 문장 안에 이토록 많은 통찰을 담아내기란 결코 쉽지 않다. 그러나 불과 10년 전 내가 이 문장을 읽었다면 저 안에 녹아 있는 의미들을 알아보지도 못했을 뿐더러 '뭐, 좋은 말이네.' 하고 생각한 다음에 곧 잊었을 것이다. 그러나 지금은 제임스 알렌이 전하는 메시지를 온전히 이해할 수 있게 되었다.

그간 책을 참 많이도 읽었다. 직장인의 삶을 마무리하기 5년 전부터 읽기 시작한 책이 어느덧 수천 권을 넘겼으니 말이다. 그중에서도 '성공-자기계발' 카테고리는 사실 나에게 조금 더 특별하다. 무엇보다 나는 (그렇게 의도한 것은 아니었지만) 가장 최근의 책부터 시작해서 '자기계발(self-help 혹은 self-improvement)'이라는 장르를 세상에 탄생시킨 19세기 고전에 이르기까지 역순으로 독파해 왔다. 그런데 바로 이 작업이 세상 그 무엇과도 바꿀 수 없는 '본질에 대한 통찰'을 가져다주었다.

내가 만약 시대순으로 오래된 자기계발서부터 읽기 시작했다면, 나의 독서는 수천 권이 아닌 한두 권으로 끝났을 것이다. '뭔가 다 좋은 말들이긴 한데 조금 어렵기도 하고, 결정적으로 확 와닿지가 않는다'는 이유를 들면서 말이다. 나는 뇌과학, 심리학, 각종 의학 지식들로 정교하게 무장한 오늘날의 자기계발서들을 통해 성공(나는 성공을 '내가 원하는 삶을 사는 것'으로 정의한다)을 위한 실용적인 인사이트들을 얻을 수 있었다. 그러다 자기계발의 본류라고 할 수 있는 나폴레온 힐(Napoleon Hill)과 데일 카네기(Dale Carnegie)의 저서들을 접한 후 마치 '개안'한 듯한 충격을 받고는 완전히 다른 삶을 살게 되었다.

그리고 마침내, 이 두 명의 거장을 만들어낸 성공학의 선구자 제임스 알렌(James Allen)을 만나기에 이르렀다. 그렇다. 모든 '각론'들의 원칙이자 본질이라 할 수 있는 '총론'을 비로소 접하게 된 셈이다. 숲에 있는 나무 한 그루 한 그루, 가지들과 나뭇잎들의 생김새들을 모두 파악하고 난 뒤 높은 곳에서 숲 전체를 조망하게 되었을 때 느껴지는 벅찬 감정이 차올랐다. 모든 단어와 문장 하나하나에 격렬한 통찰이 담겨 있었기 때문이다.

지금까지 정말 셀 수 없이 많은 구독자들의 사연을 받았고, 그 사연들을 읽으며 나 역시 함께 웃고, 울었다. 여전히 너무 많은 이가 어려워하고 힘들어한다. '자신이 원하는 삶'을 살고 싶고, 그 길로 가고 싶지만 뜻대로 잘 되지 않기에 그러하다. 그래서 나는 더 많은 사람에게 제임스 알렌의 생각을 공유하고 싶었다. '근본적인 도움'이 될 것이라 확신했기 때문이다.

많은 이에게 각자 자신이 원하는 삶으로 가는 길에 놓여 있는 가장 큰 허들은 무엇보다 경제적 문제라는 사실을 잘 알고 있다. 제임스 알렌은 바로 이 '부'를 얻는 데 '기술적인 노하우'가 아닌 '본질적인 깨달음'을 얻게 해준다. 기술적인 노하우로 한 피아노 연주곡을 잘 연주할 수 있게 된다 해도 다른 곡을 만나면 처음부터 다시 배워야 하지 않는가. 반면에 가장 근본이 되는 계이름의 구성 원리를 깨닫게 되면 어떤 곡이든 결국 연주할 수 있는 이치와 같다. 당신은 지금 어떤 곡을 연주하고 있는가? '당신의 삶'은 어떤 곡인가? 혹시 '도레미파솔라시도'가 무엇인지 정확히 모른 채 누군가가 가르쳐준 대로 '달달 외워 칠 수 있게 된 한 곡'만 연주하며 살고 있지는 않은가?

근본이 되는 원리를 알아야 한다. 당신이 원하는 삶도, 그 삶을 위한 경제적 풍요도 마찬가지다. 그저 지금 내 손에 쥐고 있는 씨앗이 아까워 손에 꼭 쥐고 있으면 씨앗도 잃고 수확도 잃는다. 이와 달리 땅에 뿌려진 씨앗은 흙에서 썩지만 풍성한 열매로 자란다. 제임스 알렌은 우리 삶도 이와 마찬가지라고 말한다. '버림으로써 부유하게 된다'고 강조한다. 이건 무슨 의미일까? 당신이 부를 늘리고 싶다면 자산이 적더라도 기꺼이 투자한 후 인내심을 가지고 때를 기다려야 한다는 의미이다. 아까운 마음에 돈을 손에 움켜쥐고 있는 한 경제적 어려움에서 벗어날 수 없을 뿐만 아니라 매일 점점 더 가난해질 뿐이다. 결국 재산을 불리기는커녕 아까워하던 그 돈마저 잃게 된다.

사람은 스스로를 성공하게 할 수 있다. 마찬가지로 사람은 스스로를 성공하지 못하게 할 수 있다. 다만 대부분의 사람들이 '그럴 리 없다'고 생각하고, 그 생각을 굳게 믿으며, 그것을 자신의 신념으로 장착하기에 스스로를 성공하지 못하게 만든다.

당신은 씨앗을 지니고 있다. 사람은 누구나 자신만의 씨앗을 지니고 있다. 그 씨앗을 땅에 뿌려야 한다. 농부가 금처럼 소중한 씨앗을 뿌리듯 말이다. 당신의 삶 속에서 처절하게 분투해보길 바란다. 당신이 그 길을 기꺼이 가고자 하는 사람이기를 바란다. '그럴 리 없다'는 신념을 버리고 '그건 당연하다'는 당신 마음속 신념의 등불을 밝혀라. 그리고 그 신념의 등불이 비추는 빛을 따라 어둠 속을 걸어가면 된다. 희미하게 흔들려서 한없이 약해만 보이는 그 등불이 의심이라는 안개와 절망으로 점철된 암흑 속에서 당신을 지켜줄 것이다.

마지막으로, 나는 이 책을 읽는 당신이 진심으로 벼랑 끝에 다가가기를 바란다. 떨어지기 위해 벼랑 끝으로 가라는 이야기가 아니다. 당신은, 날아오르기 위해 벼랑 끝으로 간다.

하와이 대저택

JAMES ALLEN · CHANGING FATE

프롤로그   004

1부
당신의 생각이 당신을 만든다

내면의 생각이 외부의 환경을 바꾼다	015
정신은 내가 만드는 옷이다	020
외부의 힘은 유한하지만, 내면의 힘은 무한하다	024
스스로를 속이는 인생에서 벗어나라	027
생각에 제대로 된 옷을 입혀라	036
생각을 함부로 하지 마라	041
정신이 곧 인생을 설계한다	045
육체는 정신의 하인이다	049
품고 있는 마음이 곧 삶이 된다	052

2부

정확한 목표가 당신이 나아갈 길을 보여준다

생각과 목표를 연결시켜라	057
성공한 사람에게는 모두 목표가 있었다	061
나를 가로막는 '부정적인 것들'은 왜 존재하는가	064
부정은 그림자에 불과하다	070
인간의 운명은 정해져 있는가	074
무엇이 성공에 영향을 주는가	084
원하면 얻고, 갈망하면 이룬다	088
하찮은 일에 더 신경 써야 하는 이유	094
나를 억압하는 시스템은 존재하지 않는다	101
돈을 벌기 위해 일하는 것이 아니다	108
당신에게 일의 의미는 무엇인가	115

3부

지금, 원하는 목표를 성취하는 법

이기심을 버려라, 그러면 부자가 될 것이다	121
당신 삶에 섞여 있는 사실과 가설을 구분하라	124
원하는 삶을 위해 부정적 에너지를 끊어내는 법	129
원하는 삶을 위해 긍정적 에너지를 키우는 법	139
건강과 성공은 정신이 결정한다	142
에너지를 낭비하는 불필요함을 멈춰라	146
긍정적인 습관이 위대한 결과를 만든다	154
내면을 통제하고 다스려라, 걱정이 곧 열정이 된다	159

에너지를 능력으로 전환하라	165
매너를 보면 그 사람의 내면을 알 수 있다	172
균형 잡힌 의지를 키우는 법	175
사소한 일도 최선을 다해 수행하라	180
성공한 사람들은 모두 집중했다	184
집중력을 높이는 4단계 의식	188
단순하게 살아라	193
균형 감각을 키워라	199

4부
단단한 마음의 규칙을 만들어라

나 자신을 통제할 때 왜 더 행복해지는가	207
'자기통제'의 놀라운 위력	212
올바른 신념을 세우고, 그 신념을 고수하라	220
'사소한 체계'가 성공과 실패를 가른다	226
선한 마음보다 더 좋은 방패는 없다	229
고요함이 인생을 바꾼다	231
잠잠하고 고요하라	238
마음에 부디 의미 있는 씨앗을 뿌려라	241
진리를 아는 사람은 언제나 평온하다	244
올바르게 살고 있다는 착각	248
성품과 기질은 가장 변하기 쉽다	255
슬픔도 당신의 인생이다	258

5부
한 번의 의지만 발휘하라

변화는 누구도 피할 수 없다	**263**
자신을 개선하는 것이 운명을 바꾸는 길이다	**265**
당신의 행복을 방해하는 외부 요인은 존재하지 않는다	**273**
원하는 삶의 씨앗을 스스로 뿌려라	**277**
부정적 욕망의 세계에서 벗어나라	**280**
살아가는 데 '원칙'이 왜 필요한가	**283**
평화롭게 살기 바라는 당신에게	**287**
해야 할 일을 수행하는 기쁨	**289**
이해하지 말고 실천부터 하라	**292**
인생을 바꾸는 결심	**294**
당신에겐 당신을 바꿀 힘이 있다	**298**

에필로그 결국 '좋은 결과'를 맞이할 당신과 당신의 삶에 전하는 말   **304**

1부

✻

당신의 생각이
당신을 만든다

현재 우리의 모습은 모두
지금까지 우리가 품어온 생각의 결과이다.
모든 것은 우리의 생각에 기초하며,
우리의 생각으로 이루어져 있다.

내면의 생각이
외부의 환경을 만든다

 자신을 어떤 존재로 생각하느냐에 따라 당신의 세상이 만들어진다. 세상의 모든 것은 당신의 내적 경험에 따라 실제로 변화한다. 당신 외부 환경은 그리 큰 문제가 되지 않는다. 그것들은 모두 당신의 의식 상태를 반영하고 있을 뿐이다. 중요한 것은 당신의 내면이다. 외부 환경이란 내면의 영향을 받아 그대로 비춰주는 거울이기 때문이다.

 당신이 분명하게 알고 있는 앎은 모두 직접 경험한 데에서 나온다. 당신이 앞으로 알게 될 모든 내용 역시 경험이라는 관문을 통과해야만 당신의 일부가 된다.

 당신의 생각에 따라 당신의 삶, 당신의 세계, 당신의 우주가 만들어지기도 하고 무너져 내리기도 한다. **생각의 힘은 내면만이 아니라 외적인 삶과 상황도 만든다.** 마음속 가장 깊은 곳에 품은 생각은 머지않아 필연적으로 당신의 외적인 삶에 나타나게 될 것이다. 불순하고 이기적인 영혼은 반드시 불행과 재앙을 향해 끌려가고, 이타적이고 고귀한 영혼은 정확히 같은 방식으로 행복과 번영을 향해 끌려간다. 모든 영혼은 자신에게 있는 것만을 끌어당긴다. 신성한 법칙은 보편적으로 작용하고 있다.

삶에서 일어나는 모든 성공과 실패는 그 영혼이 품어온 생각의 내용과 힘의 결과이다. 모든 영혼은 생각과 경험이 모여 만든 복잡한 결합체이며, 몸은 그 영혼을 밖으로 드러내기 위해 필요한 수단에 불과하다. 그러므로 당신이 지금 생각하는 내용이 당신의 실제 자아이며, 주변 세상은 생물이든 무생물이든 당신의 생각이 만들어낸 모습이다. 석가모니는 이렇게 말했다.

> "현재 우리의 모습은 모두
> 지금까지 우리가 품어온 생각의 결과이다.
> 모든 것은 우리의 생각에 기초하며,
> 우리의 생각으로 이루어져 있다."

그러므로 어떤 이가 행복하다면 그가 행복한 생각에 빠져 있기 때문이요, 불행하다면 그가 낙담하고 무기력한 생각에 빠져 있기 때문이다. 당신이 겁이 많든 담대하든, 어리석든 현명하든, 불안하든 평온하든 간에 현재 당신이 처한 마음 상태, 그 상태를 만들어 낸 원인은 결코 외부가 아닌 당신의 내면에 있다. 그렇다면 이 부분이 궁금할 것이다.

"정말 외부 상황이 우리 마음에 아무런 영향을 미치지 않나요?"

나는 그런 의미로 말하지 않았다. **상황은 당신이 허락할 때만 당신에게 영향을 미칠 수 있다는 확실한 진리를 설명하려는 것이다.** 당신이 어떤 상황이 일어났을 때 동요하는 이유는 생각의 본질과 힘을 제대로 이해하지 못하기 때문이다. 당신은 자신의 삶을 성공이나 실패로 이끌 힘이 외부에 있다고 믿는다(그리고 사람은 자기 스스로 그렇게 믿음으로써 모든 행복과 슬픔을 결정해 버린다). 그렇게 믿음으로써 당신은 외부 상황에 굴복하고, 그 외부 상황이 당신의 절대적인 주인이 된다. 누가 강제하지 않았는데도 스스로 기꺼이 외부 상황의 노예가 되는 셈이다. 즉, 당신이 그렇게 굳게 믿고 있기 때문에 실제로는 힘을 가지지 못한 외부 상황에 힘을 부여하고 만다.

그러나 당신이 실제로 굴복하는 대상은 상황 그 자체가 아니다. 당신의 생각이 외부 상황에 투사한 슬픔과 기쁨, 두려움과 희망, 강점과 약점에 따른 마음 상태이다.

나는 언젠가 젊은 나이에 힘들게 번 돈을 모두 잃어버린 두 사람의 이야기를 들은 적이 있다. 한 사람은 돈을 잃고 매우 힘들어했다. 분노하고 억울해했으며 걱정하고 낙담했다. 다른 한 사람은 신문에서 자신의 거래 은행이 파산해 전 재산을 잃게 되었다는 소식을 확인하자마자 침착하고 단호하게 말했다.

"이미 벌어진 일이야. 괴로워하고 걱정한다고 잃어버린 돈이 다시 돌아오지는 않아. 다시 모으자. 그러면 된다."

그는 마음을 다잡고 다시 열심히 일하기 시작했고 금세 부유해졌다. 그러나 돈을 잃었다는 사실에 계속 슬퍼하며 '불운'을 탓하던 첫 번째 사람은 나약하고 비굴한 자신의 생각을 현실로 만들어버렸고 불운한 상황의 먹잇감으로 전락했다. 돈을 잃어버린 그 상황을 암울하고 처량하게 해석했던 사람에게는 실제로 상황 자체가 저주가 되었다. 반면에 강인하고 희망찬 생각으로 그 사건을 해석하고 새롭게 노력했던 사람에게는 축복이 되었다.

생각해 보라. '상황'에게 축복이나 저주를 내릴 힘이 있다면, 모든 사람에게 동일한 결과로 나타나야 마땅하다. 그러나 완전히 똑같은 상황이라도 사람에 따라 좋게 작용할 수도, 또 나쁘게 작용할 수도 있다. 이는 **상황 자체가 아니라 그 상황을 마주한 사람의 마음 안에 좋은 것과 나쁜 것이 존재한다는 사실을 증명한다.**

이 사실을 깨닫기 시작할 때 당신은 자기 생각을 단속하고 마음을 통제하는 연습을 시작할 것이다. 당신의 영혼이라는 '내면의 신전'을 다시 건축해야 한다. 쓸모없고 부정적인 생각들을 모두 제거하고, 기쁨과 평온함, 힘과 활기, 연민과 사랑, 아름다움과 불멸에 관한 생각들로 당신이라는 존재의 내면을 채워야 한다. 그렇게 한다면 당신은 지금과 똑같은 상황에서 똑같은 일을 하더라도 더 웃게 되고, 더 평온해질 것이며, 더 강인하고 더 건강하며, 사람들에게는 더 다정한, 그야말로 품위 있는 사람이 될 수 있을 것이다.

정신은
내가 만드는 옷이다

정신의 힘은 무엇인가? 정신은 상황을 창조하고 그 결과를 어떻게 받아들일지 결정하며 이 모든 과정을 조정할 수도 있다. 그러므로 현실을 정확히 파악할 수도 있지만 망상을 만들어내기도 한다.

정신은 자신의 운명이라는 옷감을 짜는 방직공이며 절대 실수하지 않는다. 생각은 옷감을 짜는 실이고, 선행과 악행은 날실과 씨실이며, 삶이라는 베틀로 짜낸 직물이 인격이다. 정신은 자신이 만든 옷을 직접 입는다.

사람은 정신적인 존재로서 모든 정신적인 힘을 지니고 있기에, 실제로 무한한 선택권을 가지고 있다. 경험을 통해 배우며 배우는 속도를 스스로 가속하거나 늦출 수 있다. 이에 누군가가 속박하지 않음에도 불구하고 다양한 방법으로 스스로를 구속한다. 다행스럽게도 구속한 주체가 자기 자신이기 때문에 자신의 선택에 따라 스스로를 자유롭게 할 수 있다. 자신의 선택에 따라 흉악해지거나 순수해질 수 있으며, 천박해지거나 고상해질 수도 있고, 어리석게 되거나 현명해질 수도 있다. 반복적인 실천을 통해 습관을 새로 만들 수 있는가 하면, 새로운 노력으로 기존의 습관을 없앨 수도 있다. 또는 진실이 무엇인지 완전히 알 수 없게 될 때까지 망상으로 자기 주변을 에워쌀 수 있고, 진리를 온전히 깨달을 때까지 그런 망상을 하나씩 파괴할 수도 있다. 정리하면 인간은 무한한 가능성을 지닌 존재이자 완전히 자유로운 존재이다.

자신의 상황을 만들어내고 어떤 태도를 가질지 선택하는 일은 정신의 본성이요, 역할이다. 정신은 어떤 상황이든 바꿀 수 있는 힘과 어떤 태도든 버릴 수 있는 힘을 모두 가지고 있다. 반복적인 선택과 경험을 통해 여러 상황에 대한 지식을 수집하면서 사람은 정신의 힘을 지속적으로 사용한다.

그렇다면 '생각'한다는 행위는 무엇인가? 생각은 내적 과정이다. 생각을 통해 한 사람은 자신의 삶과 인격 전체를 구성한다. 이는 무엇을 의미하는가? 스스로 의지가 있다면 이 모든 과정을 수정하고 변경할 수 있다는 뜻이다. 습관과 무기력, 무언가에 속박당해 있는 느낌은 사실 스스로 만들어냈기 때문에 자기 자신만이 그것을 부술 수 있다. 그 속박은 외부적인 요소들과 관련되어 있지만, 자신의 정신에만 존재할 뿐 실제로는 존재하지 않는다.

외부 세계는 내부 세계에 의해 만들어지고 생명력을 얻는다. 즉, 외부 세계가 내부 세계를 절대로 만들지 않는다. 유혹은 '외부 대상 때문'이 아니라 '그 대상을 향한 마음속 욕구'에서 생겨난다. 고통과 슬픔은 외부 상황이나 삶에서 일어나는 사건들에 내재되어 있는 것이 아니라 외부 상황에 대한 미숙한 정신적 태도에서 발생한다. 순수한 열망을 갖고 지속적으로 정신을 강화하면 불행과 밀접한 관계가 있는 모든 욕구를 막을 수 있다. 이로써 결국 깨달음과 내적 평온에 이르게 된다.

다른 사람을 비난하며 자신의 모든 부정적인 생각의 근원이 외부 조건들 때문이라고 욕한다면 당신이라는 세상의 고통과 불안을 지속적으로 증가시킬 뿐이다. 외부는 단지 내면을 반영한 그림자이자 내면이 초래한 결과이기 때문이다. 마음이 알맞은 상태라면 당신의 모든 상황도 알맞은 상태로 현실에 나타난다.

모든 생명과 성장은 내부에서 외부로 진행되고, 모든 쇠퇴와 죽음은 외부에서 내부로 진행된다. 이것이 우주의 법칙이다. 모든 발전은 내부에서 시작되기 때문에 **결국 모든 조정은 내부에서 이루어져야 한다.** 다른 사람과 맞서 싸우기를 중단하고 자신의 정신을 변화시키고 쇄신하는 데 힘을 사용하는 사람은 자신의 에너지를 보존할 수 있다. 자기 자신을 보호한다는 진정한 의미가 바로 이것이다.

균형 잡힌 정신을 만드는 데 성공하면, 다른 사람들도 자신과 같이 행복한 상태에 도달하도록 배려하며 안내하게 된다. 왜냐하면 사람은 결국 자기 스스로 깨달음의 길로 가야 하기에, 그렇게 할 수 있도록 배려하고 안내하는 일이 최선이기 때문이다.

인간의 삶은 자기 마음과 정신으로부터 만들어진다. 그리고 정신은 생각과 행동으로 구성된다. 어떠한 생각을 할지 선택함으로써 정신을 새롭게 바꾸는 일은 자신의 힘으로도 충분히 가능하며, 재능이나 환경, 상황, 경제적 여건과 완전히 무관하다. 따라서 당신도 스스로 자신의 삶을 변화시킬 수 있다.

외부의 힘은 유한하지만,
내면의 힘은 무한하다

사람은 자기 내면에 한해서는 무한한 힘을 지니고 있지만, 타인이나 외부 환경에 대해서는 극도로 제한된 힘만 쓸 수 있다. 다시 말해 자신의 마음은 통제할 수 있지만, 타인의 마음은 통제할 수 없다. 무엇을 생각할지 스스로 선택할 수 있지만, 다른 사람의 생각을 정해줄 수는 없다. **날씨를 원하는 대로 움직일 수는 없지만, 자기 마음은 움직일 수 있고, 날씨에 대한 마음의 태도도 결정할 수 있다.**

즉, 자신의 내면은 바꿀 수 있지만 외부 세계는 바꿀 수 없다. 외부 세계도 자기 자신과 마찬가지로 선택의 자유를 가진 존재들로 구성되어 있기 때문이다. 순수한 열정을 지닌 사람이 타인의 마음에 직접 열정을 채워줄 수는 없지만, 자신의 삶과 열정으로 이룬 경험을 나누는 길잡이가 되어 다른 사람들이 더욱 쉽고 빠르게 순수한 열정을 지닐 수 있도록 도울 수는 있다. 하지만 이 도움을 받아들일지 여부 또한 각자의 권한이므로 결국 스스로의 선택이 스스로의 삶을 결정한다.

다른 사람의 마음을 움직일 수 없지만 자기 마음은 완전히 지배할 수 있다는 이러한 '이중적 진실' 때문에, 자신의 생각과 행동으로 만들어진 결과는 절대로 피할 수 없다. 바로 여기에 핵심이 있다. **그 누구도 행동의 결과를 피하거나 바꿀 수 없지만, 누구나 원인이 되는 생각을 선택할 힘은 가지고 있다.** 한 생각을 선택했다면 그에 따른 결과를 온전히 받아들여야 한다. 행동했다면 행동의 결과에서 도망칠 수 없다.

이기심이 인간을 만든 것이 아니라 인간이 이기심을 만들었다.
즉, 인간에게는 존재의 법칙마저 거스를 수 있는 능력이 있다. 이기심과 질투는 지혜가 없는 힘이며, 부정적인 방향으로 놓인 가장 질 나쁜 에너지이다. 많은 이가 이기적으로 사는 까닭은 자신의 본질이 바로 정신적 존재라는 사실을 알지 못하기 때문이며, 이러한 무지가 고통을 낳는다. 하지만 고통을 반복해서 경험하며 마침내 자신의 본질이 무엇인지 깨닫는다면, 이제 자기의 능력을 제대로 활용할 수 있다.

자신의 본질이 정신적 존재라는 사실을 깨달은 사람은 어떻게 생각하고 행동할까? 그런 사람은 이기적일 수 없다. 그리고 타인의 이기심을 비난하지도 않으며, 타인에게 이타심을 강요하지도 않는다.

반면에 이기적인 사람은 타인에게 자신의 방법과 뜻을 강요한다. 그것이 모두에게 좋은 유일한 방법이라고 믿기 때문이다. 그래서 자신이 자유롭게 행사할 수 있는 힘, 즉 자신이 원하는 삶의 길을 선택하고 의지를 발휘할 수 있는 힘과 시간, 에너지를 어리석게도 타인을 통제하는 데 낭비한다. 그 결과 타인의 성향, 자유의지와 충돌하고 적대적인 관계를 끊임없이 만들어내며 스스로를 고통스럽게 한다. 인간이 살면서 상충하는 힘의 갈등, 감정의 폭발, 혼란, 분쟁이라는 고통을 지속하는 이유가 거기에 있다.

이기심은 힘을 악용하는 짓이다. 진정으로 이타적인 사람은 타인에게 강요하지 않으며 '나'를 기준으로 판단하지도 않는다. 이런 사람은 타인이 자신을 어떤 방식으로 대하든 그것을 문제나 고통으로 받아들이지 않는다. 그러므로 이타적인 사람에게서 악의, 시기, 험담, 질투, 비난은 이미 사라졌다. 스스로 이러한 부정적인 모든 생각을 멈추었기에 부정적인 타인의 공격에도 흔들리지 않는다. 그리하여 이타적인 사람은 자유롭다.

스스로를 속이는
인생에서 벗어나라

　삶을 보는 관점 자체를 바꾸면 당신의 삶은 달라진다. 자신을 믿고 더 좋은 환경과 더 다양한 기회를 누릴 만한 사람이 되려고 노력해 보라. 너무 많은 이가 이러한 노력조차 진지하게 하지 않은 채 그저 살아지는 대로 살아간다.

　당신이 이미 지닌 것부터 최대한 활용하라. **작은 것을 소홀히 여기면서 지금보다 더 좋은 인생을 살 수 있을 거라고 자신을 속이지 마라.** 만일 그렇게 되더라도 그 순간은 영원하지 않으며, 간과했던 교훈을 배우기 위해 원래의 자리로 빠르게 돌아오게 될 것이다. 학생이 다음 진도로 넘어가기 전에 기본적인 내용을 완벽하게 통달해야 하듯이, 그토록 바라던 더 좋은 것을 얻으려면 당신이 이미 가지고 있는 것을 충실하게 활용해야 한다.

　예를 들어 당신이 비좁은 집에 살고 있고 건강에 해로운 열악한 환경에 둘러싸여 있다고 가정하자. 이때 더 크고 쾌적한 집에서 살고 싶다면 우선 당신이 할 수 있는 것은 무엇일까? 먼저 지금 거주하는 그 집을 작은 천국으로 만들어라. 당신은 더 크고 청결한 집에서 살 수 있는 마음의 준비를 해야 한다. 당신의 집을 언제나 깨끗하게 유지하라. 재정이 허락하는 한도 내에서 집을 최대한 예쁘고 아늑하게 꾸며보라. 간소한 음식이라도 정성껏 요리하고, 소박한 식탁도 최대한 품위 있어 보이도록 장식하라. 카펫을 살 여유가 없다면, 미소와 환영하는 마음을 바닥에 깔고 인내의 망치로 친절한 말이라는 못을 단단히 박아놓아라. 이런 카펫은 햇볕에 색이 바래지도 않고 아무리 사용해도 닳지 않는다.

　현재의 주변 환경을 품위 있게 만듦으로써, 당신은 그 환경을 뛰어넘고 결핍을 극복할 수 있다. 적절한 때가 되면 당신을 오랫동안 기다려왔고 당신이 거주하기에 적합한 더 좋은 집과 더 나은 주변 환경으로 옮겨가게 될 것이다.

　또 다른 예를 살펴보자. 당신은 스스로에 대해 생각하고 노력할 시간을 더 많이 원하지만, 일하는 시간이 너무 힘들고 길다고 느끼고 있다. 그렇다면 우선 자투리 시간을 최대한 충실하게 활용하라. 너무 뻔한 말처럼 들리는가? 그렇지 않다. 사람들은 대부분 하루 중 얼마 되지 않는 개인적인 시간을 그냥 낭비하며 흘려버린다. 즉, 주어진 시간이 적더라도 그 시간을 낭비하고 있다면 더 많은 시간이 주어진들 결과는 똑같을 뿐이다. 시간이 많아지면 여유를 부리며 더 나태해지고 무심해질 것이기 때문이다.

당신은 가난과 시간 부족, 스스로의 안일한 태도가 당신을 감싸고 있는 부정적인 상황이자 환경이라고 생각하겠지만, 그렇지 않다. 만약 이것들이 실제로 당신이 원하는 삶으로 가는 길을 방해한다면 당신이 스스로의 나약함을 거기에 투사했기 때문이다. 당신이 생각하기에 자신을 감싸고 있는 부정적인 것들은 사실 당신 내면에 존재하는 것이다.

당신의 운명을 창조하는 존재는 바로 자기 자신이라는 사실을 완전히 깨닫도록 노력하라. 당신의 내면을 변화시키기 위해 반복적인 연습을 해간다면 이 사실을 점차 깨닫게 될 것이다.

소위 부정적인 상황이라 부르는 것들이 사실은 엄청난 축복으로 바뀔 수 있다. 그러면 당신은 넘을 수 없는 장애물이라 여겨왔던 그 '가난'을 인내심, 희망, 용기를 기르는 도구로 사용할 수 있다. 또한 '적은 시간'도 결단력과 민첩성을 얻는 계기로 활용할 수 있다.

거름 냄새가 진동하는 토양에서 가장 아름다운 꽃이 자라나듯, 가난이라는 암울한 토양에서 인류의 가장 고결한 꽃들이 피어나고 자라왔다. 어렵고 불만족스러운 상황에서 미덕은 가장 크게 번성하고 찬란한 영광을 드러낸다.

부자들에게 억압받고 있다고 불평하지 마라. 당신이 부자가 되면 누군가가 당신이 억압하고 있다고 불평하는 일이 없을 것이라고 확신하는가? 세상에는 '절대 인과법칙'이 존재한다. 현재 다른 사람을 억압하는 사람은 반드시 미래에 억압당하는 사람이 된다는 사실을 잊지 마라. 이러한 법칙에서 벗어날 방법은 없다.

어쩌면 당신은 과거 혹은 이전 생에는 부유하고 억압하는 사람이었지만, 지금은 그저 위대한 법칙에 따라 빚을 갚고 있는지도 모른다. 그러므로 영원한 정의와 긍정적인 가치들을 늘 염두에 두어라. 당신 스스로를 편협한 울타리 안에 가두지 말고 보편적인 법칙에 따라 생각하고 행동하라.

무엇보다 다른 사람에게 상처받거나 억압받고 있다는 망상을 떨쳐버려라. 삶을 지배하는 보편의 법칙과 자기 내면을 깊이 이해한다면 사람은 내면에 있는 요소에 의해서만 상처받는다는 사실을 알 수 있다.

자기 연민은 독이다. 심지어 중독성도 있어서 생각의 습관으로 한번 자리 잡으면 그 인생은 한없이 바닥을 향해 내려갈 뿐이다. 자신의 품위를 떨어뜨리고 영혼을 파괴하는 행동을 불러온다. 자기 연민을 몰아내라. 그런 독이 당신의 마음에 퍼지는 한, 절대로 풍족한 삶을 살 수 없다.

영원하고 진정한 번영을 꿈꾸고 있다면, 먼저 미덕을 쌓아야 한다. 그러므로 부를 직접적인 목표이자 유일한 목적으로 삼고서 탐욕스럽게 번영을 추구하면 어리석다. 이런 행동이 결국 자신을 완전히 패배하게 만들기 때문이다. 오히려 자기완성에 목표를 두고 유익하고 이타적인 활동을 삶의 목적으로 삼아 손을 뻗는 편이 경제적 번영에 이르는 첩경이다.

당신이 만약 자신을 위해서가 아니라 다른 사람들에게 어떤 가치를 주고 싶어서 부유해지기를 원한다면, 그것이 당신의 진짜 동기라면 자연스럽게 부가 당신을 찾아올 것이다.

지금 소유한 돈이 적다고 다른 이들에게 주는 가치에 대해서는 전혀 생각하고 있지 않는가? 그렇다면 당신은 돈이 많아질수록 이기적으로 변해갈 것이다. 그리고 당신이 돈으로 베푼 것처럼 보였던 모든 선행은 은연중에 자신을 드러내고 자랑하기 위한 행동이었을 것이다.

진정으로 당신이 자신의 가치를 제공하고자 한다면 돈이 먼저 생기길 기다릴 필요가 없다. 지금 바로 당신이 있는 자리에서 다른 이들에게 내적 가치를 줄 수 있기 때문이다. 당신이 아무리 가난하더라도 자신의 가치를 전달하는 일은 충분히 가능하다.

결과는 원인과 연관되어 있듯이 경제적 번영과 힘은 당신의 내면의 긍정적인 가치들과 연관되어 있으며, 가난과 나약함은 내면의 부정적인 요소들과 연관되어 있다.

하지만 돈은 진정한 부나 지위, 힘을 만들어주지 않는다. 돈에만 의지한다면 미끄러운 장소에 비스듬히 서 있는 것처럼 위태롭다. 당신의 진정한 재산은 지금껏 쌓아온 미덕이며, 진정한 힘은 그 미덕을 올바르게 사용할 때 생겨난다. 당신의 마음을 바로잡아라. 그러면 당신의 삶도 바로잡힐 것이다.

정욕, 증오, 분노, 허영, 교만, 탐욕, 방종, 이기심, 완고함 같은 내적 요소들은 반드시 가난과 나약함을 초래한다. 반면에 사랑, 순수, 친절, 온화함, 인내, 동정심, 관대함, 헌신, 자기희생 같은 가치들은 부유함과 힘을 낳는다.

물론 가난한 사람과 마찬가지로 부유한 사람도 자신이 원치 않는 상황에 놓일 수 있으며, 가난한 사람보다 행복에서 더 멀리 떨어져 있는 경우도 많다. **그래서 지금부터 행복은 외부적인 도움이나 소유에 달려 있는 것이 아니라 당신의 내적인 삶에 달려 있다는 사실을 알아보려 한다.**

당신이 고용주라고 가정해 보자. 현재 당신은 고용한 사람들과 끊임없이 갈등을 겪고 있다. 심지어 착하고 성실한 고용인이 들어와도 금세 당신을 떠나간다. 그 결과 당신은 인간 본성에 대한 믿음을 잃어버리게 되었다. 고용인에게 임금도 올려주고 업무에서 기존보다 훨씬 큰 자유를 주면서 문제를 해결해 보려 했지만 달라지는 것은 아무것도 없었다.

이런 상황이라면 내가 당신에게 조언을 하나 해보겠다. 당신이 겪고 있는 모든 어려움의 비밀은 고용인이 아니라 고용주인 당신 자신 안에 있다. 자기 잘못을 발견하고 변하겠다는 겸손한 마음으로 당신의 내면을 들여다본다면, 머지않아 당신이 겪고 있는 모든 불행의 원인을 자기 내면에서 발견하게 될 것이다. 이기적인 욕망이나 숨어 있는 의심, 불친절한 마음가짐 등은 말이나 태도로 드러내지 않더라도 주변 사람들에게 악영향을 주고 당신 자신에게도 영향을 미친다.

당신도 하고 싶지 않은 과중한 양의 업무를 고용인에게 요구하지 마라. 고용인이 고용주의 이익을 위해 자신을 완전히 잊어버리는 겸허한 마음을 갖는 일은 참으로 진귀하고 아름답다. 그러나 훨씬 더 진귀하고 신성한 아름다움은 고용주가 자신의 행복을 잊어버린 채, 자기 권위 아래에서 생계를 의존하는 사람들의 행복을 위하는 고결한 마음을 갖는 일이다. 그런 사람은 수십 배로 더 행복해질 수 있으며 수백 배로 부유해진다.

자신이 고용한 사람들에게 불평할 필요도 없다. 대규모로 직원을 고용하면서도 해고한 적이 없기로 유명한 한 고용주는 이렇게 말했다.

"나는 직원들과 항상 행복한 관계를 맺어왔습니다.
어떻게 그럴 수 있었느냐고 물어본다면,
다른 사람이 내게 해주기를 바라는 대로
직원들에게 해주겠다는 목표를
처음부터 가지고 있었기 때문이라고

답할 수 있겠네요."

자신이 원하는 바람직한 모든 상황을 맞이하면서도 바람직하지 않은 모든 상태를 전부 극복할 수 있는 비결이 바로 여기에 들어 있다.

지금 자신이 외롭고 사랑받지 못하는 존재이며 "세상에 진정한 친구 한 명이 없다."고 이야기하고 있는가? 그렇다면 자신의 행복을 위해 다른 사람이 아닌 자신을 탓하라고 조언해 주고 싶다.

다른 사람들에게 친절하게 대하라. 그러면 머지않아 당신 주변으로 사람들이 몰려올 것이다. 스스로를 사랑스러운 존재로 만들어라. 그러면 모든 사람에게 사랑받게 될 것이다.

그 어떤 상황이 당신의 삶을 버겁게 하더라도 스스로 인격을 변화시키려 한다면, 그 힘을 개발하려 노력한다면, 상황은 잘 극복될 수 있다. 분노를 자아내는 가난이든, 부담스러운 부이든, 인생이라는 그림에 어두운 배경을 차지하고 있는 수많은 불행, 슬픔, 괴로움이든 전부 상관없다.

절대 인과법칙에 비추어보면 해결해야 할 과거의 생각과 행동이 있다는 사실은 그리 중요하지 않다. 왜냐하면 인간은 살아가는 모든 순간에 새로운 생각과 행동을 하고 있으며, 그 생각과 행동을 좋게 하거나 나쁘게 하는 힘은 각자 내면에 있기 때문이다.

사람이 (뿌린 대로 거두는 과정에서) 돈을 잃거나 지위를 상실

하게 된다고 해서 강직함을 잃는 것은 아니다. 진정한 부와 힘과 행복은 강직함 안에서 발현된다.

생각에 제대로 된
옷을 입혀라

사람은 모든 상황에 '자신의 생각'이라는 옷을 덧입힌다. 그뿐만 아니라 보이는 사물이나 현상에도 자기 '생각의 옷'을 입힌다. 이 때문에 누군가 조화와 아름다움을 보는 곳에서 다른 누군가는 불쾌함과 추함을 보는 것이다.

열정이 넘치는 한 동물학자가 시골길을 거닐다가 농장 근처에서 물웅덩이를 발견했다. 현미경으로 관찰하려고 웅덩이에 있던 물을 작은 병에 옮겨 담으면서 근처에 서 있던 농사꾼 청년에게 이 웅덩이에 숨어 있는 경이로움을 열정적으로 설명했다.

"이 웅덩이에는 실제로 수백, 아니 수백만 개의 우주가 담겨 있어요. 사람에게도 이걸 직관적으로 파악할 수 있는 눈이 있다면 얼마나 좋을까요…….”

그러자 그 순박한 농사꾼은 답답하다는 듯이 말했다.

"저 웅덩이에 올챙이가 잔뜩 있기는 하죠. 잡기도 쉬운데 뭘 그리 고민하십니까?"

동물학자는 물웅덩이에서 아름다움과 조화, 숨어 있는 아름다움을 보았지만, 농사꾼은 올챙이가 가득한 흙탕물만 보았을 뿐이다.

많은 사람에게 바다는 배들이 항해하다가 때로 조난도 당하는 한없이 광활하고 황량한 공간이지만, 시시각각 달라지는 바다의 분위기를 감지하는 음악가에게는 살아 있는 존재이다. 평범한 사람들이 재앙과 혼란을 보는 곳에서 철학자는 가장 완벽한 인과관계의 연속을 발견한다. 유물론자가 끝없는 죽음을 보는 곳에서 신비주의자는 맥동하는 영원한 삶을 목격한다.

상황과 사물에 '자기만의 생각이라는 옷'을 입힌다는 사실은 사람에게도 똑같이 적용할 수 있다. 의심이 많은 사람은 모든 사람을 의심한다. 거짓말쟁이는 완벽하게 정직한 사람은 세상에 없다는 사실을 위안으로 삼는다. 질투가 많은 사람은 모두가 질투하며 살아간다고 믿는다. 인색한 사람은 모든 사람이 자신의 돈을 탐내고 있다고 생각한다. 양심을 속이면서까지 돈을 모으는 사람은 자신의 돈을 빼앗으려는 파렴치한 자들이 세상에 가득하다는 망상에 사로잡혀 베개 밑에 권총을 숨겨둔 채 잠을 청한다. 방탕한 호색가는 존경받는 성인들을 위선자라고 생각한다.

반면에 다정한 생각을 하는 사람은 모든 사람에게서 사랑과 애정을 불러일으키는 긍정적인 요소들을 본다. 사람을 잘 믿는 정직한 사람은 다른 사람을 의심하느라 괴로워하지 않는다. 마음씨가 너그러운 사람은 다른 사람의 행운을 함께 기뻐한다. 자기 내면에도 '신성'이 있다는 사실을 깨달은 사람은 짐승을 비롯한 모든 존재에게서 '신성'을 발견한다.

인과법칙에 따라서 사람들은 자신이 생각하고 투사하는 것을 끌어당겨 자신과 비슷한 사람과 관계를 맺는다. 이에 자신의 정신적 관점을 더욱 견고하게 만들어간다. '유유상종'이라는 말은 우리가 일반적으로 알고 있는 것보다 훨씬 심오한 의미를 담고 있다. 물질세계와 마찬가지로 내면세계도 같은 종류끼리 끌어당기기 때문이다.

> 친절을 원하는가? 친절한 사람이 되어라.
> 진실을 원하는가? 진실한 사람이 되어라.
> 베풀기를 원하는가? 그대로 돌려받게 될 것이다.
> 당신의 세계는 당신의 내면을 있는 그대로 반영한다.

만일 당신이 죽음 이후 찾아올 행복한 세계를 간절히 바라고 기대한다면, 여기 당신을 위한 기쁜 소식이 있다. 굳이 죽음 이후를 기다릴 필요 없이 지금 바로, 당신은 그 행복의 세계로 들어갈 수 있으며 그 세계를 현실로 만들어낼 수 있다. 행복의 세계는 우주를 가득 채우고 있기에 당연히 당신 안에도 있다. 그리고 그 세계는 언제든 당신이 알아차리고 발견해 주기를 기다리고 있다.

당신이 해야 할 일은 이것이다. 의심하지 않고 이 사실을 믿고, 이해할 때까지 깊이 숙고하는 것. 그러면 당신의 내면세계를 정화하고 바로 세울 수 있게 된다. 하나의 시그널을 따라 다른 시그널로, 하나의 깨달음에서 또 다른 깨달음으로 나아가다 보면 영혼의 강력한 힘에 비해 외부 상황이 얼마나 무력한지 깨닫게 될 것이다.

만약 당신이 세상을 바로잡고
모든 불행을 몰아내고 싶다면,
먼저 자기 자신을 바로 세워라.

만약 당신이 세상을 변화시키고 싶다면,
먼저 자기 자신을 변화시켜라.

만약 당신이 세상을 치유하고
슬픔과 고통을 끝내고 싶다면,
먼저 자기 자신을 치유하라.

만약 당신이 암투가 난무하는 꿈에서

세상을 깨우고 싶다면,
먼저 자기 자신을 깨워라.

사람의 마음은 숙련된 직공이다. '자신이 선택하고 지지하는 생각'으로 인격이라는 내면의 옷과 상황이라는 외부의 옷을 만들어 낸다. 지금까지는 무지와 고통 속에서 옷을 지어왔다면, 이제는 깨달음과 행복 속에서 옷을 지어라.

생각은 무언가를 만들어내고 강한 영향을 주는
압도적인 힘이다.
사람은 생각 그 자체이자
생각이라는 도구를 활용해 원하는 것을 만들어내며
무수한 기쁨과 불행을 낳는다.
당신이 마음속으로 생각한 일은 결국 이루어진다.
상황은 단지, 그것을 비추는 거울일 뿐이다.
당신이 곧 자기 자신의 창조자이다.

생각을
함부로 하지 마라

'생각하는 대로 삶이 만들어진다.'는 격언은 한 사람의 존재 자체뿐만 아니라 삶의 모든 조건과 상황까지 아우르는 포괄적인 의미를 지닌다. **사람은 말 그대로 자신이 품고 있는 생각 그 자체이며 인격이란 그 생각을 전부 합쳐 놓은 것을 말한다.**

식물이 씨앗에서 싹을 틔워 자라듯, 씨앗 없이는 애초에 존재할 수 없다. 사람의 모든 행동은 생각이라는 보이지 않는 씨앗에서 비롯되기에 애초에 생각 없이는 행동을 할 수 없다. 이 원리는 의도적인 행동뿐만 아니라 '무의식적'이고 '우발적인' 행동에도 동일하게 적용된다.

행동은 생각에서 피어난 꽃이고 기쁨과 고통은 생각이 맺은 열매이다. 따라서 사람은 자신의 마음 밭에 뿌린 대로 달콤한 열매 또는 쓰디쓴 열매를 거두게 된다.

> 마음속 생각이 현재의 당신을 만들었다.
> 당신의 모습은 생각을 통해 만들어지고 점차 다듬어진다.
> 부정적인 생각을 품으면
> 달구지가 소의 뒤를 따르듯
> 고통이 당신의 뒤를 따를 것이다.
>
> 순수한 생각을 오랫동안 지속하면
> 그림자가 사람을 따르듯
> 기쁨이 당신을 따를 것이다.
> 반드시.

사람은 교묘한 책략으로 만들어지는 존재가 아니라 '불변의 법칙'에 따라 성장하는 존재이다. '인과법칙'은 눈에 보이는 물질세계뿐만 아니라 눈에 보이지 않는 내면세계에서도 예외 없이 작동한다. 당신 주변에 고결한 인격을 가진 사람이 있는가. 그 사람이 그런 인격을 갖게 된 이유는 신의 은총이나 우연의 산물이 아니다. 끊임없이 올바르게 생각하려고 노력한 대가로 얻게 된 자연스러운 결과이자, 고결한 생각을 오랫동안 품어온 결과이다. 반대로 천박한 인격 또한 천박한 생각을 오랫동안 품어온 결과이다.

사람을 성공하게 하거나 몰락하게 하는 주체는 다른 누구도 아닌 자기 자신이다. 사람은 생각이라는 무기 공장에서 자신을 파괴할 무기를 만들기도 하고 기쁨과 힘, 평화가 깃든 천상의 저택을 지을 도구를 만들기도 한다. 올바른 생각을 선택하고 올바르게 적용하면 자신이 원하는 높은 수준에 도달하게 되지만, 그릇된 생각을 선택하고 잘못 적용하면 짐승보다 못한 수준으로 추락하게 된다.

이 양극단 사이에 모든 수준의 인격들이 존재하며, 사람은 그 모든 인격들 중 자신의 것을 골라 손수 만들어내는 '인격의 창조자'이자 주인이다.

사람의 내면에는 도대체 무엇이 있는가. 사람은 힘과 지성, 사랑을 지닌 존재이자 생각의 주인이기에, 모든 상황을 헤쳐 나갈 수 있는 열쇠는 바로 그 내면에 있다. 원하는 모습으로 자신을 변화시키고 개선할 수 있는 능력이 우리 내면에 존재한다.

당신이 아무리 나약해지고 자포자기한 상태가 되었다 하더라도 여전히 당신 생각의 주인이다. 이 사실은 변하지 않는다. 다만 나약하고 쇠약한 상태로 자기 집안을 제대로 다스리지 못하는 '어리석은 주인'이 될 뿐이다. 당신이 처한 상황을 반드시 되돌아보아야 한다. 그리고 어디에서든 보편적으로 작동하는 '절대적인 인과법칙'을 깨달았을 때, 비로소 당신은 자기 에너지를 현명하게 관리하고 좋은 결과를 내는 방향으로 생각을 조정하는 '현명한 주인'이 될 수 있다. 즉, 당신 내면에서 지금도 작동하고 있는 '생각의 법칙'을 발견해야만 의식 있는 주인이 될 수 있다.

그렇다면 도대체 '생각의 법칙'은 어떻게 발견할 수 있는가? 자신을 분석하고 많은 경험을 쌓아야 하며, 그 과정에서 지금 내가 어떠한지 계속 분석해 가야 한다. 수없는 탐색과 채굴 과정을 거쳐야 금과 다이아몬드를 얻을 수 있듯이, **자기 내면이라는 광산을 깊이 파고들어 가야만 자기 존재와 관련된 모든 진리를 발견할 수 있다.** 당신은 자기 인격을 형성하고 삶의 틀을 만들며 운명을 개척하는 유일무이한 존재이다. 이 말은 무엇을 의미하는가?

당신은 먼저 스스로의 생각을 관찰·통제·변화시켜야 한다. 또한 그 생각들이 당신과 타인, 그리고 당신의 상황과 삶에 미치는 영향을 추적해 보아야 한다. 이 과정을 거친다면 틀림없이 자기 인생에서 생각의 법칙을 스스로 입증할 수 있을 것이다.

정신이 곧
인생을 설계한다

　부정적인 모든 생각들은 무지에서 비롯된다. 무지는 몽매하고 미성숙한 상태를 말한다. 부정적인 생각과 행동을 하는 사람은 무지한 상태로 인생이라는 학교에 다니는 학생과 같다. 그는 올바르게 생각하고 행동하는 법, 즉 인과법칙에 따라 생각하고 행동하는 법을 아직 배우지 못했다.

　삶은 배움의 연속이다. 어떤 사람들은 성실하게 배워서 현명하고 완전히 행복한 존재가 된다. 반면에 또 다른 사람들은 배움을 소홀히 한 결과 어리석고 불행한 존재로 살아간다.

　고통은 부정적인 생각 속에 뿌리를 두고 있다. 행복은 깨달음 속에 존재한다. 무지와 부정적 생각, 자기기만을 파괴할 때만 자신의 인생을 새롭게 바꿀 수 있다. 부정적인 정신 상태가 있는 곳에는 언제나 속박과 불안이 있다. 올바른 정신 상태가 있는 곳에는 자유와 평화가 있다.

다음은 부정적인 정신 상태의 주요 사례들과 그것들이 당신의 삶에 초래하는 참혹한 결과를 정리한 내용이다.

부정적인 정신 상태	부정적인 정신 상태의 결과
증오	상해, 폭력, 참사, 고통
정욕	지적 혼란, 후회, 수치, 비참함
탐욕	두려움, 불안, 불행, 상실감
교만	실망, 원통함, 자기 이해 부족
허영심	고뇌, 정신적 굴욕
비난	박해, 다른 사람들의 증오
악의	실패, 괴로움
방종	빈곤, 판단력 상실, 비만, 질병, 태만
분노	힘과 영향력의 상실
욕망 또는 자기 속박	비탄, 어리석음, 슬픔, 불확실성, 외로움

어둠과 결핍의 상태에 빠져 있으면 내면에 힘이 전혀 없는 상태가 된다. 힘이 전혀 없다는 말에 주목할 필요가 있다. 부정적인 정신은 힘을 가지지 못한다. 그저 올바름에 대해 무지한 상태이자 올바름을 잘못 사용하는 상태일 뿐이다. 생각해 보라. 증오심을 품

은 사람은 사랑이라는 힘을 올바르게 행하는 데 실패한 사람이며, 그 결과 고통을 겪는다. 사랑의 교훈을 올바르게 행하는 데 성공하면, 증오심이 사라지고 증오가 얼마나 맹목적이고 무력한지 깨닫게 될 것이다. 다른 모든 부정적인 정신 상태도 이와 동일한 원리가 적용된다.

다음은 올바른 정신 상태의 주요 사례들과 그것들이 삶에 가져오는 유익한 결과를 정리한 내용이다.

올바른 정신 상태	올바른 정신 상태의 결과
사랑	온화함, 행복, 축복
순수	지적 명료함, 기쁨, 불굴의 확신
이타심	용기, 만족, 행복, 풍요
겸손	평온, 편안함, 진리에 대한 이해
온유	균형감, 모든 상황에 대한 만족감
연민	보호, 사랑, 다른 사람들의 존경
선의	기쁨, 성공
자제	마음의 평화, 정확한 판단력, 품위, 건강, 명예
인내	정신력, 광범위한 영향력
자기 극복	깨달음, 지혜, 통찰력, 깊은 평화

위에서 언급한 올바른 정신 상태는 긍정적인 힘을 지닌 상태이자 빛의 상태, 깨달음을 얻은 상태이다. 사람이 이 상태에 있게 되

면 자신의 삶 전체를 구성하는 각 부분이 균형을 유지하므로 부정적인 에너지에 쉽게 영향을 받지 않는다.

부정적인 정신 상태로 살아가는 사람은 자기 상태를 모른다. 이들 중 다수는 어쩌면 부정적인 에너지에 너무 오랜 시간 노예처럼 길들여진 나머지 자기를 알고자 하는 의지 자체가 없을 수도 있다. 긍정적인 에너지와 부정적인 에너지가 무엇인지, 자기 자신이 어떠한지, 자신의 삶을 만들어가고 영향을 미치는 내적인 원인들에 대해서도 무지하다. 그들은 불행하게 살아가며, 자신이 겪는 불행의 원인이 전적으로 다른 사람들에게 있다고 믿는다. 자신을 비롯한 모든 존재의 핵심이 되는 삶의 목적을 깨닫지 못하고, 어떤 일이 진행되는 과정에는 질서 있는 인과관계가 존재한다는 사실도 알지 못한다. 그저 맹목적으로 일하며 무지 속에서 살아간다.

육체는 정신의
하인이다

　사람은 의도를 갖든 혹은 무의식이 작용하든 결국 정신의 작용에 따라 행동한다. 부정적인 생각의 명령에 따라 행동하면 육체는 급격하게 쇠약해지며 결국 병에 걸린다. 긍정적인 생각에 따라 행동하면 육체는 젊음과 아름다움을 유지한다.

　인생에서 펼쳐지는 온갖 상황과 마찬가지로 질병과 건강도 생각에 그 뿌리를 두고 있다. 병든 생각은 병든 육체를 통해 자신을 밖으로 드러낸다. 두려움은 총알처럼 빠르게 사람을 죽음에 이르게 할 수 있으며, 계속해서 수많은 사람을 죽음으로 끌고 간다. 특히 질병을 두려워하며 살아가는 사람들은 병에 걸리기 마련이다. 불안과 염려는 온몸의 기운을 빠르게 사라지게 해 질병이 침투하기 쉽게 만든다. 부정적인 생각은 실제 행동으로 옮기지 않더라도 신경계를 빠른 속도로 망가뜨린다.

 이와 달리 강인하고 행복한 생각은 육체를 활력 넘치게 하며 우아하게 만들어준다. 육체는 섬세하고 예민한 도구이다. 따라서 자기 스스로에게 깊은 인상을 남기는 생각에 즉각 반응하며, 그렇게 생각의 습관으로 굳어지면 좋든 나쁘든 그대로 자신의 몸에 영향을 미친다.

 생각은 행동과 삶, 겉으로 드러나는 모습의 원천이다. 모든 병의 원천인 생각을 먼저 변화시켜라. **생각을 바꾸지 않는 사람에게 식단 변화는 아무런 도움이 되지 않는다. 생각을 바꾸고 나면 자연스럽게 불순한 음식을 원하지 않게 된다.**

 건강한 육체를 가지고 싶다면 마음을 잘 다스려야 한다. 악의, 시기심, 실망, 낙담을 품은 생각은 육체의 건강과 품위를 빼앗아 간다. **좋지 않은 인상은 우연히 만들어지는 것이 아니라 안 좋은 생각을 해왔기 때문에 만들어진다.** 얼굴에 유난히 깊게 자리 잡은 주름은 걱정과 시기 때문에 생겼다.

 나는 소녀처럼 생기발랄하고 천진난만한 얼굴을 가진 아흔여섯 살 여성을 알고 있다. 또한 아직 중년이 되려면 한참 멀었으나 얼굴에 주름살이 가득한 남성도 알고 있다. 여성의 얼굴은 다정하고 쾌활한 생각을 유지한 결과이고, 남성의 얼굴은 걱정과 불만을 지속적으로 품어온 결과이다.

노인들의 얼굴을 보면 어떤 주름살은 동정심으로 생겨났고, 또 어떤 주름살은 강하고 순수한 생각으로 생겨났으며, 또 다른 주름살은 울분으로 생겨났다는 사실을 알 수 있다. 스스로에게 물었을 때 '잘 살아왔다.'고 자신 있게 대답할 수 있는 사람들은 저물어가는 해처럼 차분하고 평화롭고 온화하게 나이를 먹는다.

나는 얼마 전 한 철학자의 임종을 지켜보았다. 그는 나이에 비해 훨씬 젊어 보였으며 살아온 대로 아름답고 평화롭게 죽음을 맞이했다.

육체의 질병을 쫓아버리는 데 유쾌한 생각보다 더 좋은 의사는 없다. 슬픔과 비통의 그림자를 몰아내는 데 선한 마음보다 더 좋은 위로자는 없다. 계속해서 악의와 냉소, 의심과 질투 속에서 살아가면 스스로 만들어낸 감옥에 갇혀 살아가게 된다. 이와 달리 모든 것을 호의적으로 생각하고 기쁘게 받아들이며 모든 것에서 좋은 점을 발견하고자 하면 그 생각이 바로 성공의 문으로 들어가는 방법이다. 또한 사람뿐만 아니라 존재하는 모든 생명체를 향해 애정 어린 생각을 품으면 마음에 평온함이라는 에너지를 가득 채울 수 있다.

품고 있는 마음이
곧 삶이 된다

　당신이 품고 있는 마음이 그대로 당신 삶의 모습으로 나타난다. 내면의 상태는 끊임없이 외부로 표현된다. 표현되지 않은 채로 남아 있는 것은 아무것도 없다. 감춰지는 시간은 잠시일 뿐이며, 무르익고 나면 결국 제 모습을 드러내게 된다. 씨앗, 나무, 꽃, 열매는 우주의 네 가지 질서이다. 생각이라는 씨앗은 행동을 꽃피우고, 행동은 인격과 운명이라는 열매를 맺는다.

　삶은 언제나 내면에서 시작해 계속 뻗어나가다가 밝은 곳에서 오롯이 모습을 드러낸다. **그렇게 마음속에서 생겨난 생각은 마침내 '말과 행동'과 '성취한 결과'라는 모습들로 자신을 증명한다.**

　숨어 있는 원천에서 샘이 솟아나듯이, 인간의 삶도 마음속 깊고 은밀한 곳에서부터 생겨난다. 사람의 모든 상태와 행동은 거기에서 만들어진다. 앞으로 나타날 모든 상황과 그에 따른 모든 행동도 거기에서 기인한다. 슬픔과 기쁨, 고통과 즐거움, 희망과 두려움, 무지와 깨달음은 사실 그 어디에도 존재하지 않기에 당연히 눈에도 보이지 않는다. 그렇다면 그것들은 전부 어디에 숨어 있는가? 모두 마음속에만 존재하니, 오로지 정신 상태일 뿐이다.

사람은 자기 마음을 지키는 파수꾼이자 정신을 지켜보는 감시자이며 자신의 인생이라는 요새를 고독하게 지키는 보초병이다. 때로 자기 임무를 성실하게 수행할 수도 있고 태만할 수도 있다. 자기 마음에 점점 더 주의를 기울이며 지킬 수도 있고, 좀 더 꼼꼼하게 관찰하고 조정할 수도 있으며, 그릇된 생각으로부터 자신을 보호할 수도 있다. 이런 원리를 깨닫는 사람은 행복을 느낀다.

반면에 자기 삶을 올바르게 관리하는 가장 중요한 임무는 소홀히 한 채 무책임하고 경솔하게 살아갈 수도 있다. 이는 자기기만과 불행의 길이다. 무엇보다 이 모든 경우는 자기 자신이 스스로 선택할 수 있다. 누구도 어떤 선택을 강요하거나 부탁하지는 않을 것이다.

삶 전체가 마음으로부터 기인한다는 사실에 대해서 깊이 숙고하라. 그러면 행복의 길이 눈앞에 펼쳐질 것이다. 그런 깨달음을 얻고 나면 자기 마음을 다스릴 힘을 발견할 수 있다. 자신이 원하는 삶에 알맞은 마음을 만드는 힘은 스스로 갖고 있다. 이를 깨달으면 탁월한 생각과 행동의 길을 흔들림 없이 걸어가겠다고 결심하게 된다. 그런 사람이라면 삶이 아름답다고 인정할 수 있다. 머지않아 모든 부정적인 것들과 혼란, 고통이 사라지기 때문이다.

2부

정확한 목표가 당신이
나아갈 길을 보여준다

어두운 방에 틀어박혀
빛이 존재한다는 사실을 부정하는 사람도 있다.

그러나 빛은 어디에나 존재한다.
어둠은 단지 그 사람이 있는
작은 방 안에만 존재할 뿐이다.

생각과 목표를
연결시켜라

생각은 목표와 연결되어야 비로소 진정한 성취를 이룰 수 있다. 사람들은 대부분 생각이라는 배가 인생이라는 바다를 표류하도록 내버려둔다. 목표 없이 표류하는 일은 악덕이다. 재앙과 파멸을 피하고 싶다면 이러한 표류를 멈춰야 한다.

삶의 목표가 없는 사람은 나약함을 나타내는 사소한 걱정, 두려움, 근심, 자기 연민에 빠지기 쉽다. 그 결과 반드시 실패, 불행, 상실의 상태로 끌려가게 된다.

사람은 마음속에 명확한 목표를 품어야 하고, 그 목표를 성취하기 위해 노력해야 하며, 그 목표를 생각의 중심점으로 삼아야 한다. 목표는 그 당시 그 사람이 지닌 기질에 따라 세속적인 대상이 될 수도 있고, 어떤 영적인 이상의 형태를 띨 수도 있다.

어떤 목표이든 상관없다. 자신이 세운 목표에 생각의 힘을 집중시키는 일이 중요하다. 자신이 세운 목표를 가장 우선적인 과제로 삼고 그 안으로 들어가 몸을 흠뻑 적셔야 한다. 헛된 요행과 지름길, 단 한 번의 막대한 행운이 있을 것이라는 망상은 버려라. 이것이 자제력과 진정한 집중력을 얻는 지름길이다.

목표를 달성하기까지 당신은 수많은 실패를 경험하겠지만, 나약함을 극복할 때까지 **반드시 거쳐야 하는 과정이다. 실패의 과정을 통해 얻은 강한 인격은 미래의 찬란한 빛을 위한 강력한 토대가 될 것이다.**

몸이 약한 사람이라도 정성을 들여 꾸준히 훈련하면 강한 체력을 얻게 되듯이, 나약한 생각을 지닌 사람도 올바르게 생각하는 훈련을 하면 정신을 단련할 수 있다.

목표 없는 나약함은 떨쳐버리고 목표를 가지고 생각하기 시작하면, 실패를 성공의 디딤돌로 삼아 모든 상황을 자신에게 유리하게 만들 수 있다. 그 결과 강인한 생각으로 두려움 없이 시도하며 능숙하게 성취해 내는 강한 사람의 경지에 오르게 된다.

목표를 세운 사람은 좌우로 한눈을 팔지 않도록 의심과 두려움을 철저하게 몰아내야 한다. 물론 쉽지 않다. 의심과 두려움은 인간의 본능이기 때문이다. 그러나 그렇다고 해서 이 의심과 두려움을 마냥 방치하거나 심지어 이들에게 동조하는 순간, 당신의 노력이라는 곧은길이 구부러지고 망가질 수 있다.

의심과 두려움으로 가득 찬 생각은 살면서 그 어떤 것도 성취해 낼 수 없고 아무것도 할 수 없게 만든다. 그런 생각은 당신을 항상 실패로 이끌 뿐이다. 의심과 두려움에 동조하지 마라. 공범이 되어서는 안 된다.

그런 생각들이 스멀스멀 올라온다고 느껴지는 순간, 당신의 목표, 용기, 행동력, 그리고 모든 긍정적인 것들에 대해 생각해 보라. 이것이 바로 의심과 두려움이라는 부정적인 생각들에 아무런 영향을 받지 않는 가장 좋은 방법이다.

무언가를 하려는 의지는 스스로 할 수 있다는 사실을 알고 있을 때 생겨난다. 의심과 두려움은 이 사실을 깨닫지 못하게 방해하는 적이다. 의심과 두려움을 조장하거나 소멸시키려는 시도조차 하지 않는 사람은 나아가는 한걸음 한걸음을 스스로 가로막는 것과 다름없다.

의심과 두려움을 정복한 사람은 실패를 정복한 사람이다. 그의 모든 생각에는 힘이 결합되어 있어서 온갖 어려움을 극복하고 용감하고 현명하게 대처할 수 있다. 그의 목표는 시기적절한 때에 심어놓은 꽃과 같아서 충분히 익기 전에 땅에 떨어지는 일 없이 온전한 열매를 맺을 수 있다.

두려움 없는 '생각'이 '목표'를 만나면 '창조적인 힘'이 된다. 이 사실을 아는 사람은 고차원적인 존재가 될 준비를 마친 상태이다.

이제 그는 자신의 정신적인 힘을 자기 의지대로, 즉 의식적으로 현명하게 사용할 수 있다.

성공한 사람에게는
모두 목표가 있었다

　분산은 약함이고 집중은 강함이다. 파멸은 분산하는 과정이며, 보존은 결합하는 과정이다. 각 부분이 얼마나 강하게, 얼마나 체계적으로 결합되어 있느냐에 따라 사물은 더 유용해지고 생각은 더 강력해진다. 목표는 고도로 집중된 생각이다.

　성공한 사람은 모두 목표를 가진 사람들이다. 그들은 하나의 생각·사업·계획을 소중히 여기고, 곰곰이 생각하며, 주의를 기울여 발전시킨다. 어려움이 닥쳐도 포기하지 않는다. 실제로 직면하는 방해물이 클수록 목표에 대한 의지가 더 강해진다.

　인류의 운명에 큰 영향을 미쳤던 사람들은 강력한 목표를 가진 사람들이었다.

확고한 목표를 무엇으로 막을 수 있겠는가? 무엇이 그 목표를 방해하거나 그 목표에서 이탈하게 하겠는가? 생명이 없는 물질은 살아 있는 힘에 굴복하고, 상황은 목표의 힘에 굴복한다. 부정적인 목표를 가진 사람은 목적을 이루는 과정에서 스스로를 파멸시키지만, 긍정적인 목표를 지닌 사람은 실패할 수가 없다. 그는 목표를 달성하기 위해 매일 확고한 결심이라는 자신의 에너지를 이용하면 되기 때문이다.

다른 사람에게 오해받았다는 이유로 슬퍼하는 사람은 나약하다. 그리고 나약한 사람은 삶의 큰 성취를 이뤄낼 수 없다. 다른 사람을 기쁘게 하거나 다른 사람의 칭찬을 받기 위해서 자신의 결심을 바꾸는 사람들이 너무나 많다. 허영심에 잠식되어 있는 이들 역시 고귀한 성취를 이뤄낼 수 없다. 자신의 목표를 두고 계속 타협하면서 가려는 사람도 실패하게 된다.

확고한 목표를 가진 사람, 즉 오해와 부당한 비난, 아첨과 공허한 말들이 빗발쳐도 자신의 결심을 조금도 굽히지 않는 사람이 탁월한 성취와 위대한 성공을 거둘 수 있다.

방해물은 목표를 가진 사람을 격려한다. 얼핏 앞뒤가 맞지 않는 말처럼 들리겠지만 이는 사실이다. **어려움은 오히려 그에게 용기를 북돋아줘서 새로운 노력을 기울이게 하기 때문이다.** 실수·상실·고통은 그를 굴복시키지 못하며, 실패는 성공의 사다리요, 발판이 된다. 결국 반드시 성취한다는 사실을 그는 이미 알고 있으며 언제나 의식하고 있다.

  목표는 가장 강력한 에너지이다. 마침내 모든 것을 고요하게 만들고 그 어떤 것도 저항할 수 없게 만든다.

> 온 세상에 가득한 심연의 어둠이
> 나를 뒤덮고 있는 밤에도
> 나는 누구도 정복할 수 없는 영혼을 지녔음에
> 세상 모든 신에게 감사를 표한다.
>
> 악랄한 환경의 손아귀에서도
> 나는 불평하거나 울부짖지 않는다.
> 운명의 몽둥이가 나를 내리쳐
> 머리에서 피가 흘러도 굴복하지 않는다.
>
> 아무리 그곳으로 가는 문이 좁을지라도
> 아무리 많은 형벌이 두루마리 책에
> 기록되어 있을지라도 중요하지 않다.
> 나는 내 운명의 주인이며
> 내 영혼의 선장이기에.

나를 가로막는 '부정적인 것들'은 왜 존재하는가

불안과 고통과 슬픔은 삶의 어두운 면이다. 세상을 살면서 마음의 고통을 느껴보지 못했거나 근심과 걱정의 어두운 바다에 빠져본 적이 없거나, 형언할 수 없는 고통으로 뜨거운 눈물을 흘려보지 않은 사람은 없다. 가슴이 찢어지는 듯한 슬픔을 가져다주는 '질병과 죽음'이라는 거대한 파괴자가 찾아온 적이 없는 집도 없다.

사람들은 어떻게든 이 '부정적인 것들'의 올가미로부터 벗어나거나 어둠의 그림자를 없애고자 무턱대고 수많은 방책을 시도한다. 어리석게도 그러한 시도를 통해 영원한 행복에 도달할 수 있을 것이라 기대한다. 감각적인 자극에 빠진 주정뱅이들과 유흥업자들, 사람을 무기력하게 만드는 사치품으로 자신과 자기 주변을 채우는 배타적인 심미주의자들, 자기 목적을 달성하기 위해서라면 다른 사람에게 고통을 주더라도 개의치 않는 사람들이 바로 그렇다.

너무 많은 사람이 자신이 추구하는 행복이 금방이라도 자기 품에 들어올 수 있다고 여긴다. 인생에 어두운 면, 즉 부정적인 것들을 망각하고 방심한 채 살아간다. 안타깝게도 그러다가 질병에 걸리거나, 엄청난 슬픔이나 유혹, 불행이 그들의 나약한 영혼을 습격하는 날이 오면 자신이 상상해 온 행복은 갈기갈기 찢겨나간다.

모든 개인적인 기쁨의 뒷면에는 언제나 무방비 상태인 사람들의 영혼을 짓밟을 준비를 마친 고통이 숨죽이고 기다리고 있다. 어린아이는 빨리 어른이 되기를 간절히 바란다. 그러나 어른은 잃어버린 어린 시절의 행복을 그리워한다. 가난한 사람은 자신을 옭아매는 가난이라는 사슬에 분노하고, 부유한 사람은 가난해질까 두려워하며 살거나 스스로 행복이라고 이름 붙인 모호한 그림자를 찾기 위해 세상을 헤맨다.

그렇다면 진정으로 고통과 슬픔에서 벗어날 방법은 없을까? 인생에 부정적인 것들의 속박을 끊어낼 방법은 무엇일까? 행복과 평온이 지속되고, 경제적인 풍요를 바라는 일은 정말 어리석은 꿈에 불과할까? 아니, 그렇지 않다. 지금부터 부정적인 것들을 영원히 근절시킬 방법을 설명해 보고자 한다.

다시는 질병과 가난, 안 좋은 상황을 겪지 않도록 완전히 극복할 수 있는 방법이 있다. 풍요로움을 오래 유지하고, 역경이 다시 찾아올지도 모른다는 두려움에서 벗어날 방법이 있다. 오래도록 풍요와 행복을 누리고 실현할 수 있는 실천법이 있다. 이러한 영광스러운 삶을 실현하는 길은 '부정적인 것들'의 본질이 도대체 무엇인지 올바르게 이해하는 데서 시작된다.

부정적인 것들을 부인하거나 무시하는 것만으로는 충분하지 않다. 오히려 그것을 잘 이해해야 한다. 부정적인 것들이 존재하는 이유와 이것들에게서 오는 교훈이 도대체 무엇인지 파악해야 한다. 부정적인 것들을 올바르게 이해하면 이것들이 우주의 무한한 힘이나 원리가 아니라 인간이 살면서 통과하는 하나의 단계일 뿐이라는 사실을 깨닫게 된다.

부정적인 것들은 실제로 배울 의지가 있는 사람들에게만 가르침을 주는 스승이다. 부정적인 모든 것들은 외부에 존재하는 추상적인 무언가가 아니라 마음속에서 일어나는 '구체적인 경험'이다. 끈기 있게 마음을 살피고 바로잡으면 점차 부정적인 것들의 근원과 본질을 발견하게 되고 결국에는 이것들을 완전히 근절할 수 있다.

부정적인 모든 것들은 교정하고 개선할 수 있는 성질을 띠고 있으므로 영속적이지 않다. 부정적인 것들은 사물과 현상의 진정한 본질이 무엇인지, 자신의 내면과 무슨 관계가 있는지에 대해 전혀 알지 못하는 무지에 그 뿌리를 두고 있다. 그러므로 당신이 무지한 상태에서 벗어나고자 하는 자각이나 의지가 없다면, 당신은 평생 부정적인 것들의 지배를 받을 수밖에 없다. 당신이 겪어야 하는 모든 부정적인 것들은 무지의 결과로 생겨나기 때문이다.

당신이 기꺼이 교훈을 배울 준비를 하고 받아들인다면, 부정적인 것들은 당신을 더 높은 차원으로 인도한 후 곧 사라져 버릴 것이다. 여전히 많은 사람들이 부정적인 것들의 올가미에 걸려 있다. 그 이유는 사람들이 부정적인 것들이 주는 교훈을 배울 의지도 없고 배울 준비도 되지 않았기 때문이다.

부정적인 것들의 상징은 언제나 어둠이요, 긍정적인 것들의 상징은 언제나 빛이다. 이러한 상징 안에는 정확한 해석, 즉 진실이 숨어 있다. 사실 빛은 언제나 가득하지만, 어둠은 무한한 빛의 광선 일부를 가로막는 작은 물체로 인해 생긴 작은 점이나 그림자에 불과하다. 마찬가지로 최고선이 내뿜는 빛은 우주를 가득 채우고 있는 긍정적인 힘이자 생명을 주는 힘이다. 반면에 악은 침투하려는 빛을 가로막는 이기적인 자아가 드리운 미미한 그림자일 뿐이다.

밤은 검은 장막으로 세상을 덮어버리지만, 아무리 짙은 어둠이라 할지라도 지구라는 작은 행성의 절반밖에 덮지 못한다. 게다가 모든 사람은 자신이 아침 햇살을 받으며 깨어나게 되리라는 사실을 알고 있다. 지금 슬픔과 고통, 불운이라는 어두운 밤이 당신의 영혼을 뒤덮어 비틀거리며 걷고 있다면 이 두 가지 사실을 기억하길 바란다.

당신이 기쁨과 행복이라는 빛을 개인적인 욕심으로 스스로 가로막고 있다는 사실과 어둠의 그림자를 다른 누구도 아닌 바로 당신이 드리웠다는 사실이 바로 그것이다. 어둠의 성질에 대해 생각해 보라. 외부의 어둠은 어디에서 왔고 어디로 가는지 불분명하며, 일정한 거처도 없는 비현실적이고 소극적인 그림자일 뿐이다. 마찬가지로 내면의 어둠도 빛에서 태어나 성장해 가는 당신의 영혼을 스쳐 지나가는 소극적인 그림자에 불과하다.

"하지만 도대체 왜 부정적인 것들이라는 어둠을 꼭 통과해야만 하는가?" 라고 질문할 수도 있다. 먼저 당신의 무지로 인해 스스로 '부정적인 것들'이라는 어둠을 통과하기로 선택했다는 사실을 알아야 한다. 그 이유는 어둠을 통과하면서 긍정적인 것들과 부정적인 것들을 모두 이해함으로써 비로소 '빛'이 무엇인지 제대로 인식할 수 있기 때문이다.

부정적인 모든 것들은 무지의 직접적인 결과이다. 따라서 이것들이 주는 교훈을 충분히 배우면 무지가 사라지고 지혜가 그 자리를 대신하게 된다. 그러나 반항적인 아이가 학교 수업을 거부하듯이 경험이 주는 보석 같은 교훈을 거부하며 계속해서 어둠 속에서 머무르면 결국 끊임없이 질병과 낙담, 슬픔이 반복되는 삶이라는 형벌을 받게 된다.

그러므로 자신을 둘러싸고 있는 부정적인 것들을 떨쳐버리고 싶다면, 기꺼이 배울 준비를 하라. 그 과정을 통과할 각오를 해야 한다. 하루하루 살아내기도 바쁜데 힘들 것 같아 엄두가 나지 않는가? 그러나 이러한 과정을 통과하지 않으면 당신이 원하는 삶을 위한 그 어떤 지혜나 영구적인 행복은 얻을 수 없다.

어두운 방에 틀어박혀 빛이 존재한다는 사실을 부정하는 사람도 있다. 그러나 빛은 어디에나 존재한다. 어둠은 단지 그 사람이 있는 작은 방 안에만 존재할 뿐이다. 마찬가지로 당신은 진리의 빛을 차단할 수도 있고, 반대로 당신을 둘러싸고 있는 편견, 이기심, 그릇된 생각의 벽을 허물고 어디에나 존재하는 눈부신 빛을 받아들일 수도 있다.

부디 진지한 자기 성찰을 통해 부정적인 것들은 단지 지나가는 하나의 단계이자 그림자일 뿐이라는 사실을 깨닫길 바란다. 당신이 겪는 모든 고통과 슬픔, 불행은 절대적으로 완전한 인과법칙에 근거해 당신을 찾아왔으며, 당신이 **그런 일을 겪어야 할 필요가 있기 때문에 일어났다.** 이 과정을 제대로 통과하고 이해함으로써 당신은 더 강하고 지혜롭고 고귀해질 수 있다는 사실을 기억하라. 이러한 깨달음을 충분히 얻으면, 당신은 자신의 환경을 직접 만들 수 있고, 부정적인 상황을 긍정적인 상황으로 변화시킬 수 있으며, 숙련된 솜씨로 자기 운명의 천을 직조하게 될 것이다.

부정은 그림자에 불과하다

　부정적인 생각들은 결국 일시적으로 드리운 그림자일 뿐이다. 세상은 자신의 모습을 그대로 반영하는 거울이다. 이 두 명제를 깨닫고 나면 이제 절대적인 법칙을 바라보고 깨닫는 '인식 단계'로 나아갈 수 있다. 이 인식 단계에 도달하면 **모든 것이 원인과 결과의 끊임없는 상호작용 속에 있으며, 그 무엇도 이 법칙에서 벗어날 수 없다**는 깨달음을 얻게 된다.

　사람의 아주 사소한 생각이나 말, 행동부터 천체의 배치에 이르기까지 이 원인과 결과의 법칙은 우주의 최상위 법칙으로 작용한다. 단 한순간이라도 이 법칙에서 벗어난 예외는 발생할 수 없다. 그러므로 삶의 모든 상황은 조화롭고 질서 정연한 이치에 따라 발생하며, 당신에게 펼쳐지는 모든 상황의 비밀과 원인이 그 안에 숨어 있다. 불 속에 손을 넣은 사람은 불이 꺼질 때까지 불타는 고통을 겪어야 한다. 어떤 묘수를 쓴다 해도 '불에 손을 넣었기 때문에' 그 상황을 바꿀 수 없다. 바로 이 법칙이 인간의 마음이라는 영역도 다스린다.

증오, 분노, 시기, 질투, 욕망, 탐욕 같은 것들은 모두 타오르는 불과 같아서 누구든지 이를 만지면 불에 타는 듯한 고통을 겪는다. 이러한 부정적인 마음 상태는 전부 '악'이라고 할 수 있다. 인간이 이러한 상태에 있으면 어떻게 될까? 무지하면 원인과 결과라는 절대 법칙을 무시한 채 엉뚱한 노력을 하며 살아갈 것이다. 그 결과는 어떠할까? 내면에 혼돈과 혼란은 물론이고 머지않아 슬픔, 고통, 절망과 함께 질병, 실패, 불행과 같은 외부적인 상황도 발현될 것이다.

반면에 사랑과 관대함, 선의, 열정을 얻고자 하는 노력은 영혼에 불어넣는 시원한 공기와 같아서 인과법칙과 조화를 이루어 건강, 안정적인 환경, 경제적 풍요, 행운 등을 불러온다.

모든 나약함의 원인과 마찬가지로 **모든 힘의 '원인'도 인간의 내면에 존재한다.** 모든 불행의 비결과 마찬가지로 모든 행복의 '원인'도 내면에 존재한다. **내면을 무시하고서 사람은 성장할 수 없다.**

당신은 자신이 상황에 묶여 있다고 변명할지 모른다. 그렇다면 더 좋은 기회와 다양한 가능성, 물질적 조건이 나아지기를 절실히 바라면서도, 속으로는 지금 당신의 손과 발을 묶고 있다며 자기 운명을 저주하고 있는 셈이다. 만일 당신이 그러하다면 지금부터 내가 하는 말을 잘 듣고 마음에 새겨라.

당신이 인생을 바꾸고 싶다면, 당신의 내적인 삶을 개선하겠다는 확고한 결심이 섰다면, 당신은 바라는 대로 상황을 개선할 수 있다. 다만 처음에는 그 길이 흐릿해 보일 수 있다. 진리로 가는 길은 늘 그렇다.

처음부터 매력적이고 매혹적으로 보이는 길은 실재하지 않는다. 그것은 허상이다. 그러나 당신이 결코 쉽지 않을 이 길을 걷겠다고 결심한다면, 당신의 삶에서 찾아올 마법 같은 변화에 진심으로 놀라게 될 것이다. 앞으로 나아갈수록 당신의 앞길에는 황금 같은 기회가 잔뜩 쌓이고, 그런 기회를 적절히 활용할 수 있는 능력과 판단력이 내면에서 솟아날 것이다.

좋은 사람들이 자연스럽게 당신을 찾아올 것이다. 마음에 맞는 사람들이 자석에 바늘이 달라붙듯 당신에게 다가올 것이다. 또한 당신이 도움을 청하기도 전에 필요한 책이나 모든 외부적인 도움을 얻게 될 것이다.

어쩌면 지금 가난의 사슬이 당신을 무겁게 짓누르고 있고, 주변에 사람이 없어 외로울 수도 있다. **짊어진 짐이 가벼워지기를 간절히 바라지만, 달라지지 않는 삶의 무게에 지쳐 점점 더 어둠이 깊어진다고 느낄 수도 있다.** 아니면 당신의 출생이나 부모, 고용주를 탓하면서 자신의 운명을 슬퍼하고 있을지도 모른다.

어째서 운명은 당신에게 가난과 역경을 주고 다른 이에게는 경제적 풍요와 평안을 안겨주었을까. 이제 불평과 원망을 한번 멈추어보라. 당신이 탓하는 대상 중 그 누구도 당신을 가난하게 만들지 않았다. 가난의 원인은 당신 내부에 있다. 그리고 원인이 있으면 해결책도 있기 마련이다.

불평한다는 사실 자체가 당신이 불행한 운명을 받기에 마땅한 사람이라는 사실을 보여준다. 우주의 법칙으로 돌아가는 세상에는 불평하는 사람을 위한 자리는 없으며, 걱정과 근심은 자기 영혼을 죽이는 행위다. 그런 정신적 태도가 당신을 속박하는 사슬을 더욱 견고하게 만들고, 당신을 뒤덮고 있는 어둠을 더욱 강하게 끌어당긴다.

인간의 운명은 정해져 있는가

　숙명이나 운명에 대한 믿음은 세상에 널리 퍼져 있으며, 옛날부터 항상 존재해 왔다. 이러한 믿음은 사람들이 삶에서 일어나는 사실을 오랫동안 관찰한 결과 생겨났을 것이다. 사람들은 스스로 통제할 수 없고 피할 수도 없는 특정한 사건이 있다는 사실을 알고 있다. 예를 들어 출생과 죽음은 피할 수 없으며, 삶의 많은 사건 역시 피할 수 없는 것처럼 보인다. 사람들은 특정한 결말에 도달하기 위해 모든 노력을 기울이며, 점차 자신의 힘이 아닌 어떤 강력한 다른 힘을 인식한다. 이 힘은 그들의 미약한 노력을 방해하고, 별다른 성과를 내지 못하는 그들의 고군분투를 조롱하는 것처럼 보인다.

많은 사람이 살아가면서 이해할 수 없는 이 지배적인 힘에 어느 정도 복종하는 법을 배우고, 그 힘이 자신과 주변 세계에 끼치는 영향만을 인식한다. 그렇게 인식한 힘을 신, 섭리, 숙명, 운명 등의 다양한 이름으로 부른다.

그러나 대부분의 사람들과 달리 사색하는 사람들은 한발 물러서서 개인의 노력과는 관계없이 어떤 사람들은 높이 올려주고, 또 어떤 사람들은 무참히 쓰러뜨리는 이 신비한 힘이 어떻게 움직이는지 차분히 지켜본다. 가장 위대한 시인들, 특히 그중에서도 극작가들은 삶의 이러한 힘을 관찰한 후, 그 내용을 고스란히 작품에 담았다.

그리스와 로마의 극작가들은 대개 자신의 운명을 깨달은 후 그 운명을 피하려고 노력하는 주인공들의 모습을 묘사했다. 이때 운명에 맞선 주인공들은 결국 자신이 피하려던 파멸을 스스로 초래하는 결과에 휘말리게 된다. 반면에 셰익스피어의 작품 속 등장인물들은 우리 대부분과 마찬가지로 자기 운명에 대해 미리 알지 못하는 모습(예감의 형태를 제외하고)으로 묘사된다.

극작가들에 따르면, 사람은 자기 운명을 알더라도 그 운명을 피할 수 없으며, 의식적이든 무의식적이든 사람의 모든 행동은 정해진 운명을 향해 나아가는 발걸음이 된다. 동서고금을 막론하고 사람들은 각자의 삶 속에서 이 무적의 힘이나 법칙이 작용하고 있음을 경험해 왔다. 오늘날에는 이러한 경험이 '계획은 사람이 하지만,

그 성패는 신에게 달려 있다.'는 간결한 문장으로 구체화되었다.

모순으로 보일 수도 있지만, 운명에 대한 믿음과 마찬가지로 '자유의지를 지닌 행위자'로서의 인간에 대한 믿음도 세상에 널리 퍼져 있다. 모든 도덕적 가르침은 자신의 길을 선택해서 운명을 만들어나가는 인간의 자유에 대해 긍정한다. 또한 목적을 달성하기 위해 끈기 있게 인내하고 노력하는 모습은 인간 스스로도 '내게는 자유와 힘이 있다'고 선언하는 일이기도 하다.

한편으로는 운명을 경험하면서 다른 한편으로는 자유를 경험하는 이러한 이중적인 경험은 운명론을 믿는 사람들과 자유의지를 지지하는 사람들 사이에 끝없는 논쟁을 불러일으켜 왔다. 이 논쟁은 최근 '결정론 대 자유의지'라는 용어로 다시 유행했다. 명백하게 상반되는 것처럼 보이는 양극단 사이에는 양쪽을 모두 포함하면서도 어느 한쪽의 편을 들지 않고 양쪽을 조화시키는 균형, 정의, 보상의 '중도(middle way)'가 존재한다. 이러한 중도는 양극단 사이의 접점이기도 하다.

진리는 편파적일 수 없으며, 본질적으로 양극단의 조정자 역할을 한다. 따라서 지금 우리가 고려하고 있는 이 문제에 관해서도 **운명과 자유의지를 긴밀한 관계로 이어주는 '중용(golden mean)'이 존재한다. 이 관점에서 보면, 인간의 삶에서 운명과 자유의지라는 두 명백한 사실은 실제로 모든 것을 포괄하지만, 이는 하나의 핵심 원리인 '도덕적 인과법칙'에서 비롯된 두 가지 모습에 불과하다.**

도덕적 인과법칙은 운명과 자유의지, 개인의 숙명과 개인의 책임을 모두 필요로 한다. 또 원인의 법칙은 결과의 법칙이기도 한데, 원인과 결과는 항상 대등해야 하기 때문이다. 일련의 인과관계는 물질세계와 정신세계 모두에서 영구적인 균형을 유지해야 한다. 그 결과 이 세계에서 인과관계는 영원히 공정하고 영원히 완벽하다. 따라서 **모든 결과는 미리 결정된 것이라고 말할 수 있지만, 미리 결정된 것은 단지 '원인'일 뿐이다.**

지혜로운 사람은 자신의 삶이 일련의 인과관계에 따라 펼쳐지고 있음을 발견한다. 삶은 원인과 결과로 이루어져 있다. 이는 씨앗을 뿌리는 일인 동시에 그 열매를 거두는 일이기도 하다. 사람의 모든 행동은 원인이며, 행동이라는 그 원인은 결과와 균형을 이루어야 한다. 우리는 원인(자유의지)을 선택한다. 그러나 결과(운명)를 선택하거나 바꾸거나 피할 수는 없다. 따라서 자유의지는 원인을 발생시키는 힘을 나타내며, 운명은 원인에 따른 결과에 관여하는 힘을 말한다. 그러므로 인간이 특정한 결말을 갖도록 예정되어 있음은 사실이지만, 그렇게 되도록 명령을 내리는 주체는 자기 자신이다(비록 그 사실을 자각하지 못하더라도). 또한 자신이 선택한 행위(원인)에 따라 무한에 가까운 결과들 중 특정한 결과(피할 수 없는 긍정적 혹은 부정적 결과)를 맞이한다는 것 역시 사실이다.

여기서 사람에게는 자신의 행위에 대해 책임이 없다는 주장이 나올 수도 있다. 이 주장을 분석하면 이러하다. 한 사람의 어떤 행위는 그 사람의 인격이 만들어낸 결과이다. 그 인격이 좋든 나쁘든 태어날 때부터 '부여받았기' 때문에 인격에는 책임이 없다. 따라서 그 인격을 지니고 있는 그 사람과 그가 한 행동에도 책임이 없다는 논리다.

만일 인격이 정말 '부여받은 것'이라면, 이 주장은 사실이다. 그렇다면 도덕적 법칙은 존재할 이유 자체가 없어지며, 도덕적 가르침도 필요하지 않다. 그러나 **인격은 이미 완성된 상태로 부여받는다기보다는 발전하며 만들어진다. 실제로 인격이란** 도덕적 법칙 자체의 결과이자 산물, 즉 **행위의 산물이다. 인격은 헤아릴 수 없을 정도로 많은 행위가 결합하여 만들어낸 결과물이다.**

사람은 자기 행위의 주체이며, 자신의 인격을 만들어내는 존재이다. 그런데 행위의 주체이자 인격을 만드는 존재로만 그치는 것이 아니라 자신의 운명을 형성하는 존재이기도 하다. 왜냐하면 자신의 행위를 수정하고 조정할 힘을 가지고 있기 때문이다. 원인이 되는 행위를 바꿀 수 있다는 사실은 행위의 결과물인 인격도 마찬가지로 변화시킬 수 있음을 의미한다.

그렇다면 인간은 이미 결정되어 있는 수많은 결과(운명)들 중에 그 원인(행위)에 해당하는 결과(운명)도 결정할 수 있는 셈이다. 실제로 사람들은 자신의 인격을 긍정적으로 혹은 부정적으로 바꿈으로써 스스로 새로운 운명을 미리 결정하고 있다. 즉, 행위의 성격에 따라 비참한 운명이 될 수도 있고, 행복한 운명이 될 수도 있다.

그렇다. 인격은 운명 그 자체이다. 인격은 수많은 행위들이 결합해서 만들어지며, 그 안에 그 행위들로 인한 결과들이 이미 다 담겨 있다. 이 결과들은 인격의 어둡고 깊은 곳에 씨앗처럼 심어져 있으면서 발아하고 성장해서 열매 맺을 적절한 시기를 기다린다.

어떤 사람에게 생기는 일은 결국 자기 자신을 반영한 결과이다. 그를 따라다니는 운명은 노력으로 피할 수 없다. 운명은 그저 그 사람의 그릇된 행동에 대한 대가를 요구하고 강요하는 무자비한 힘일 뿐이다. **초청하지 않았는데도 찾아오는 축복과 저주는 자신이 내보낸 소리가 되돌아와 울려 퍼지는 메아리와 같다.**

만약 당신이 '당신의 행위와 인격'을 통해 운명을 극복하고자 한다면 '인과법칙'이 어떻게 작용하는지 살펴보라. 무엇을 살펴봐야 할지 막막한가? 그렇다면 우선 현재 당신의 삶을 살펴봐야 한다. 현재는 모든 과거의 총합이기 때문이다. 한 사람이 지금까지 생각하고 행동한 모든 것의 최종 결과는 현재의 삶에 담겨 있다.

물론 선한 사람이 실패하고 악한 사람이 성공하는 모습이 유독 눈에 들어올 때가 있다. 이런 사례는 긍정적인 행위가 좋은 결과를 낳는다는 모든 도덕적인 격언과 정면으로 배치되는 것 같다. 이로 인해 많은 사람은 인생에 정의로운 법칙이 작용한다는 사실을 부정하고, 심지어 성공한 사람은 대개 정의롭지 못한 사람이라고 단정해 버리기도 한다. 그러나 도덕적 법칙은 실제로 존재하며, 이런 피상적인 결론으로 변경되거나 파괴되지 않는다.

사람은 변화하고 발전하는 존재라는 사실을 반드시 기억하라. 고로 선한 사람이 항상 선했던 것은 아니며, 악한 사람도 언제나 악하지는 않았다. 현생만 살펴보더라도(굳이 전생으로 거슬러 올라가 볼 필요도 없이) 이를 알 수 있다. 지금 정의로운 사람이 과거에는 의롭지 못했고, 지금 친절한 사람이 과거에는 잔인했으며, 지금 순수한 사람이 과거에는 불순했던 사례를 주변에서 쉽게 찾아볼 수 있다.

반대로 지금 의롭지 못한 사람이 과거에는 정의로웠고, 지금 잔인한 사람이 과거에는 친절했으며, 지금 불순한 사람이 과거에는 순수했던 사례도 쉽게 찾아볼 수 있다. 그러므로 선한 사람이 현재 불행을 겪고 있다면, 그는 과거에 악의 씨앗을 뿌린 결과를 거둬들이는 중이다. 나중에는 현재 선의 씨앗을 뿌린 결과를 기쁨으로 거둬들일 것이다. 마찬가지로 악한 사람이 현재 성공하고 있다면 과거에 선의 씨앗을 뿌린 결과를 지금 거둬들이는 중이다. 나중에는 현재 악의 씨앗을 뿌린 결과를 거둬들일 것이다.

인격은 정신적인 습관이 굳어진 것이며 모든 행동들의 결과이다. 수없이 반복된 행동은 무의식에 각인되어 자동적인 행위가 된다. 그때는 행위자의 노력이 없어도 그 행동이 저절로 반복되는 것처럼 보인다. 그렇게 행동하지 않는 것이 불가능하게 느껴지는 때가 왔다면, 그 행동은 행위자의 정신적 특성으로 완전히 굳어진 셈이다.

그러므로 '타고난 천성'이란 한 사람이 발전하는 과정에서 자기의 생각과 행위로 쌓아 올린 습관의 결합체이다. 그러므로 '타고난 천성'의 정확한 표현은 '태어난 이후 수많은 과정을 거치며 발전해 온 천성'이 되어야 한다. 그리고 자신이 선택한 일을 얼마나 지속적으로 반복했느냐에 따라 그 인격은 장차 선하거나 악하게 변화해 갈 것이다.

예를 들어 여기 일자리가 없어 불행한 사람이 있다고 하자. 그는 현재 정직하며 게으르지도 않다. 그런데 일하고 싶어 하지만 일자리를 구하지 못하고 있다. 일자리를 얻으려고 열심히 노력하지만, 계속해서 기회를 얻지 못한다면 이때 운명의 여신은 공정하다고 할 수 있을까?

과거에 그에게도 할 일이 많았던 때가 있었다. 어느 날 그는 일이 많다는 데 부담을 느꼈다. 그래서 일을 게을리했고, 편안하고 한가로운 삶을 갈망했다. 할 일이 없으면 얼마나 행복한지를 상상했다. 그는 축복받은 자신의 운명을 감사히 여기지 않았다. **그러자 바라던 대로 편안하고 한가로운 삶을 살게 되었지만, 직접 겪어보니 달콤할 것이라는 그의 기대와는 완전히 달랐다.** 그는 자신이 배워야 할 교훈을 철저하게 배우기 전까지는 지금의 상태에 머물러 있어야 한다. 습관적인 안일함은 품위를 떨어뜨리고, 할 일이 없으면 비참하며, 일이란 고결하고 축복받은 행위라는 사실을 비로소 그는 확실하게 배우게 될 것이다.

정리하면 과거의 욕구와 행동이 그를 현재 상태에 이르게 만들었다. 그리고 일에 대한 현재의 욕구와 끊임없이 일을 알아보고 구하려는 그의 현재 행위는 틀림없이 원하는 결과를 이끌어낼 것이다. **이제는 그가 게으름을 원하지 않기 때문에 현재의 상태를 초래한 원인은 더 이상 지속되지 않는다.** 현재 처한 상황은 곧 사라질 것이며 여기서 나아가 그는 머지않아 일자리를 얻게 될 것이다. 그가 온 마음을 일에 집중하고 다른 무엇보다 일을 원한다면, 당황스러울 정도로 사방에서 일이 몰려와서 그는 업계에서 성공할 수도 있다.

만약 그때가 되어도 그가 이 세계를 움직이고 자신의 삶에도 그대로 작용되는 인과법칙을 이해하지 못한다면 이런 의문을 갖게 될 것이다. '노력하지 않아도 나에게는 일이 들어오는데 왜 일을 구하려고 열심히 노력하는 사람들은 번번이 일을 얻지 못할까?' 이는 마치 악한 자가 성공하고 선한 자가 불행에 빠지는 이유를 사람들이 이해하지 못하는 것과 같다.

원인이 없는 결과는 없다. 그림자가 있는 곳에는 그림자의 본체가 있기 마련이다. 당신의 삶에 찾아오는 결과는 당신의 행위가 만들어낸 산물이다. 즐거운 마음으로 기꺼이 일하면 일이 확장되고 번영을 누리게 된다. 그러나 게으름을 피우거나 불만을 품으며 일하면 능률이 줄어들고 쇠락하게 된다. 마찬가지로 삶의 모든 다양한 상황도 행위의 결과이며, 당신의 생각과 행위로써 만들어낸 운명이다.

사람들의 인격이 수없이 다양한 이유는 각자 다양한 행위의 씨앗을 뿌리고, 다양한 성장 과정을 거쳐 무르익기 때문이다. 이러한 씨 뿌리기 과정은 눈에 보이는 현재에만 국한되지 않고 미래로도 무한히 확장된다. 각자 뿌린 대로 끊임없이 자신의 행위가 만들어낸 달콤한 열매와 쓴 열매를 거두게 될 것이다.

위대한 '절대 인과법칙'은 지금도 모든 이들에게 개개인 각자 손수 직조한 '일시적인 운명'을 그 어떤 착오도 없이 냉정하게 할당하고 있다. 이 운명은 어떤 이들을 눈물짓게 만들고, 또 어떤 이들은 미소 짓게 만든다. 인생은 인격을 만들어내기에 최고의 학교이다. 모든 사람은 분투와 투쟁, 악덕과 미덕, 성공과 실패를 통해 느리지만 확실하게 지혜의 교훈을 배우고 있다.

무엇이 성공에
영향을 주는가

 성취하는 모든 것과 성취하지 못하는 모든 것은 자신이 품어온 생각이 만들어낸 직접적인 결과이다. 완벽하게 질서 정연한 우주에서 균형의 상실은 곧 완전한 파괴를 의미한다. 따라서 생각의 균형을 유지하지 못하면 삶은 파괴되기 쉽고, 여기에는 개인의 책임이 절대적이다. 한 사람이 지닌 나약함과 강함, 긍정과 부정은 다른 사람이 아닌 자기 자신의 것이다. 스스로 만들어낸 것이지 다른 사람이 만들어준 것이 아니다. 그러므로 그것들은 자기 자신만이 바꿀 수 있으며 다른 사람들이 결코 바꿔줄 수 없다.

 자신이 '처한 상황' 역시 자기 자신이 만들어냈을 뿐, 다른 사람이 만들어주지 않았다. 당신이 지금 겪고 있는 모든 행복과 고통은

당신의 내면에서 나왔다. 그래서 사람은 생각하는 대로 존재하게 되며, 계속해서 생각하는 대로 머무르게 된다.

약한 사람이 도움받을 준비가 되어 있지 않으면 아무리 강한 사람이라 할지라도 절대로 그를 도울 수 없다. 만약 강한 사람이 도와주더라도 약한 사람은 스스로 강해지려는 노력이 당연히 필요하다. 다른 사람을 바라보며 마냥 부러워하는 그 힘으로 스스로를 키워볼 생각은 도대체 왜 하지 않는가. '처한 상황'도 자기 자신만이 바꿀 수 있다.

사람은 생각을 고양해야만 성장하고, 성장해야 원하는 것을 성취할 수 있다. 생각을 고양하지 않으면 나약하고 비참하고 초라한 존재로 계속 머무르게 된다.

무언가를 성취하려면 노예처럼 생각하고 동물적인 본능을 따르는 데에서 벗어나서 자기 생각부터 고양해야 한다. 성공하기 위해 모든 동물적 본능과 이기심을 버려야 하지는 않지만, 적어도 일부는 희생해야 한다. 삶의 많은 부분에서 동물적인 본능을 따르는 사람은 당연히 현명하게 생각할 수 없으며 체계적인 계획을 세울 수도 없다. 자신의 잠재력을 찾을 수 없음은 물론이고, 자신에게 잠재력이 있다는 사실조차 모르고 알고 싶어 하지도 않으며 살아간다. 이로써 자기 생각을 단호하게 통제하지 못하기 때문에 업무를 관리하거나 막중한 책임이 필요한 일을 맡을 수도 없다. 독립적으로 행동하거나 자립할 수도 없다. **그는 오직 자신이 선택한**

바로 그 생각의 제한을 받고 있을 뿐이다.

희생 없이는 그 어떤 발전이나 성공도 일어날 수 없다. 성공은 마음을 어지럽히는 본능적인 충동을 희생시켜 자신의 계획을 발전시키고, 결단한 일에 대해 얼마나 집중하느냐에 달려 있다. 사람은 생각을 고양하면 할수록 더 큰 성공을 거두게 된다.

당신이 보기에 때때로 세상은 탐욕스럽거나 사악한 사람, 정직하지 않은 사람에게 호의적인 것처럼 보일 수도 있다. 그러나 실제로는 그렇지 않다. 세상은 정직한 사람, 너그러운 사람, 고결한 사람을 돕는다. 역사에 기록된 위대한 스승들은 모두 이 사실을 다양한 방식으로 강조해 왔다.

노력과 생각의 결과로 얻게 되는 명예가 바로 '성취'이다. 자제력과 결단력, 순수함, 의로움, 긍정적인 생각은 사람이 더 높은 차원으로 올라가게 돕는다. 그러나 동물적 본성, 나태함, 불순함, 타락, 부정적인 생각은 사람을 점점 더 낮은 차원으로 추락하게 만든다.

세상에서 경제적으로 큰 성공을 거두었거나, 심지어 영적으로 매우 높은 경지에 올라섰다 하더라도 부정적인 생각들에 사로잡히면 다시 비참하고 나약한 상황으로 곤두박질칠 수 있다. 긍정적인 생각으로 성공에 이르렀다 하더라도 스스로 경계하지 않으면, 즉 그것을 지속적으로 유지하지 못하면 성공을 지켜낼 수가 없다. 많은 사람이 성공이 확실하다고 생각될 때 방심하다가 빠른 속도로 실패의 구렁텅이에 빠지곤 한다.

모든 성취(경제적 영역이든 지적 영역이든 영적 영역이든 간에)는 방향이 명확하게 입력된 생각의 결과이며 동일한 법칙의 지배를 받고 동일한 방법이 적용된다. 단지 성취하려는 대상이 다를 뿐이다.

작은 성취를 이루고 싶다면 작은 희생만 치르면 된다. 많은 성취를 이루고 싶다면 더 많은 희생을 치러야 한다. 고귀한 성취를 이루고 싶다면, 그만큼 위대한 희생을 치러야 한다.

원하면 얻고, 갈망하면 이룬다

꿈꾸는 사람들은 자기 자신과 세상을 동시에 구원하는 사람들이다. 눈에 보이지 않는 세계에 의해 눈에 보이는 세계가 유지되는 것처럼, 온갖 시련과 고통을 겪는 사람들은 고독하게 꿈꾸는 사람들의 비전에서 영양분을 공급받는다. 인류는 꿈꾸는 사람들을 잊지 않으며 그들의 이상이 희미해지거나 사라지게 내버려두지 않는다. 그들은 자신의 이상 속에 살면서 언젠가는 그 이상이 현실이 되어 모두가 직접 보고 알게 될 것이라고 믿는다.

세상이 아름다운 이유는 꿈꾸는 자들이 존재하기 때문이다. 만약 그들이 없다면 남은 것은 고통 뿐이며 인류는 결국 멸망하게 될 것이다. 아름다운 비전과 숭고한 이상을 마음속에 품은 사람은 언젠가 그것을 실현한다. 콜럼버스는 '또 다른 세계'에 대한 비전을 소중히 간직했고, 결국 신대륙을 발견했다. 코페르니쿠스는 '다양한 세계와 더 넓은 우주에 대한 비전'을 품고 있다가 결국 우주의 신비를 밝혀냈다.

비전과 이상을 소중히 간직하라. 마음속에서 울려 퍼지는 음악, 머릿속에 형성된 아름다움, 가장 순수한 생각을 감싸는 사랑스러움을 소중히 간수하라. 모든 행복한 상황과 환경은 비전과 이상에서 자라나기 때문이다. 그것들을 충실하게 간직한다면, 당신은 마침내 꿈꾸던 그 세계를 실재로 구축하게 될 것이다.

원하면 얻을 것이고 갈망하면 이룰 것이다. 당신이 원하는 가장 저속한 욕망은 완전히 충족되는 데 반해, 정작 당신이 원하는 가장 순수한 열망이 영양부족으로 굶주리는 일은 없을 것이다. 세상에 그런 법칙은 없기에 그런 상황은 결코 일어날 수 없다.

'원하라, 그러면 받을 것이다.'

숭고한 꿈을 꾸어라. 그러면 꿈꾸는 대로 이루어질 것이다. 비전은 언젠가 이루어질 당신의 미래에 대한 약속이며, 이상은 언젠가 드러날 당신의 참 모습에 대한 예언이다.

가장 위대한 업적도 처음에는 꿈에 불과했으며 심지어 꽤 오랜 시간 꿈으로만 머물러 있었다. 참나무가 도토리 안에 잠들어 있고 새가 알에서 부화하기를 기다리듯, 당신의 꿈은 현실로 나타날 것이다.

당신이 현재 처한 상황이 마음에 들지 않을 수 있지만, 이상을 품고 거기에 도달하기 위해 도전한다면 지금의 상황은 오래 지속되지 않을 것이다. 내면은 이상을 향해 나아가는데 외부만 가만히 멈춰 있을 수는 없기 때문이다.

여기, 가난과 고된 노동으로 고통받는 한 젊은이가 있다. 현재 건강에 좋지 않은 작업장에서 오랜 시간 일하고 있고, 제대로 된 교육을 받지 못했으며 세련된 학문이나 예술도 접하지 못했다. 그러나 그는 더 나은 삶을 꿈꾼다. 지성과 교양, 우아함과 아름다움에 대해 생각한다. 이상적인 삶의 조건을 마음속으로 그리고, 더 많은 자유를 누리며 더 큰 기회를 마주할 비전에 사로잡혀 있다. 결국 그의 현재 상황에 대한 불만은 그를 행동하도록 만들었다. 그는 얼마 안 되는 여유 시간을 모두 자신의 잠재력을 위해 사용하기로 했다. 머지않아 그의 사고방식은 완전히 달라졌고, 그 작업장은 이제 그를 붙들어두지 못하게 되었다. 변화한 그의 사고방식과 일터가 조화를 이룰 수 없기에 그의 삶에서 떨어져 나가게 된 것이다. 그가 점차 성장하고 그의 잠재력이 조금씩 밖으로 드러날수록 그에게 어울리는 기회가 생기면서 그는 그곳을 영원히 벗어나게 되었다. 몇 년 후, 우리는 완전히 성장한 청년의 모습을 보게 된다. 그는 젊은 시절에 자신이 품었던 비전을 실현했고 자신이 간직했던 이상과 하나가 되었다.

당신도 이 청년처럼 헛된 망상이 아닌 마음속에 간직한 비전을 현실에서 보게 될 것이다. 그 비전이 저속하든 아름답든 혹은 두 가지 속성이 섞여 있든, 사람은 항상 자신이 은밀하게 오래도록 품어온 생각들을 끌어당기게 되어 있다. 당신이 품어온 생각에 대한 아주 정확한 결과가 궁금한가? 조금도 부족하거나 조금도 넘치지 않게 머지않아 당신 손에 쥐어질 것이고, 당신의 두 눈 앞에 나타날 것이다.

현재 당신이 처한 환경이 어떠하든 간에 당신이 품은 생각과 비전, 이상에 따라 추락하거나 제자리에 머물거나 높이 비상하게 될 것이다. **당신은 스스로를 한계 짓는 만큼 작아지고, 스스로를 지배하는 열망만큼 위대해질 것이다.** 철학자이자 작가인 스탠턴 커크햄 데이비스(Stanton Kirkham Davis)는 다음과 같이 아름다운 글을 남겼다.

> "당신은 회계장부에 무언가를 기록하고 있을지도 모르지만, 이제 오랫동안 당신의 이상을 가로막은 장벽처럼 보였던 문밖으로 걸어 나가보라. 귀에 아직 펜이 꽂혀 있고 손가락에 잉크가 묻어 있는 상태로 청중 앞에 서 있는 자신을 발견하게 될 것이다. 그 순간 그 자리에서 당신의 영감을 폭포수처럼 쏟아내라. 당신은 지금 양 떼를 몰고 있을지도 모르지만, 순박한 얼굴과 어안이 벙벙한 표정을 한 채 도시로 떠나보라. 그리고 영혼이 이끄는 대로 담대하게 위대한 스승

의 작업실로 찾아가라. 세월이 흐르고 나면 당신의 스승은 '자네에게 더 이상 가르칠 것이 없군.'이라고 말할 것이다. 이제 당신은 양 떼를 몰면서 꾸었던 위대한 꿈대로 정신적인 지도자가 되었다. 이제 양 떼를 몰던 당신의 지팡이를 과감히 내려놓을 때가 되었다. 세상을 변화시킬 책임을 감당해야 하기에."

경솔한 사람이나 무지한 사람, 게으른 사람은 본질을 보지 못한 채 겉으로 드러나는 결과만 보면서 행운이나 재수, 우연이라고 이야기한다. 점점 부유해지는 사람을 보면 "정말 재수가 좋군!"이라고 말한다. 지적인 성취를 이뤄내는 사람을 보면 "머리가 진짜 좋은가 보네!" 하고 이야기한다. 많은 이에게 널리 영향력을 끼치는 사람을 보면 "하는 일마다 정말 운이 좋은 사람이군!"이라고 말한다. **그들은 성취해 낸 사람이 '경험'을 쌓기 위해 '도전'한 대가로 마주해야 했던 수많은 시련과 실패, 분투를 알지 못하고 알고 싶어 하지도 않는다.** 도저히 이겨낼 수 없을 것처럼 보이는 상황을 통과하고 마음속에 간직한 비전을 실현하기 위해 어떤 희생을 치렀으며 얼마나 흔들림 없는 노력을 쏟아부었는지, **보이지 않는 자신의 그 믿음을 어떻게 지켜왔는지에 대해서는 전혀 알지 못한다.**

이면에 감춰진 어둠과 아픔은 보지 못한 채 겉으로 드러나는 빛과 환호만 보고 '행운'이라고 말한다. 길고 험난했던 여정은 보지 못한 채 목적지에 도착한 기쁨의 순간만 보고 "운이 좋네!" 하고 외친다. 과정을 생각하지 않고 결과만 보고 '우연'이라고 부른다.

모든 인간사에는 비전과 그것을 향한 도전, 도전의 대가인 노력과 그에 따른 결과가 있기 마련이다. **우연은 없다.** 그리고 '노력'에 대해서 특별히 한 번 더 언급하자면 재능, 능력, 물질적 자산, 지적 자산, 영적 자산은 모두 노력의 열매이다. 재능, 능력, 자산(물질적·지적·영적)은 생각이 완성된 증거이다. 목표가 성취된 결과이다. 비전이 실현된 모습이다.

마음속에 소중히 간직한 비전과 이상이 당신의 삶을 만들어낼 것이며, 그 비전과 이상이 성취된 모습이 바로 당신의 미래다.

하찮은 일에
더 신경 써야 하는 이유

　자연과 인간이 만들어내는 결과물은 모두 체계적인 형성 과정을 거친다. 식물, 동물, 사람은 세포로 구성되어 있다. 집은 벽돌로, 책은 글자로 이루어져 있다. 세상은 수많은 형태의 사물과 생명체로, 도시는 수많은 집으로 구성되어 있다. 한 나라의 예술, 과학, 각종 제도는 수많은 개인의 노력을 바탕으로 구축되며, 한 나라의 역사는 그 나라의 업적이 쌓여 이루어진다.

　또한 형성 과정은 해체 과정과 번갈아가며 일어난다. 과거의 목적에 부합했던 오래된 형태는 해체되고, 그것을 구성했던 요소들은 새로운 조합으로 편입된다. 상호 간의 통합과 분해가 교대로 이루어지는 셈이다. 세포가 결합하여 형성된 몸에서도 오래된 세포는 끊임없이 파괴되고 그 자리에 새롭게 만들어진 세포가 대체된다. 인간이 만들어내는 모든 산물도 계속 새로워진다. 한 산물이 오래되고 쓸모없어져서 더 나은 목적을 위해 해체될 때까지 말이다.

해체와 형성이라는 이 두 과정이 인간에게 일어나면 '죽음과 삶'이라고 부르고, 인간이 만들어낸 인위적인 산물에서 그 현상이 일어나면 '파괴와 복원'이라고 부른다.

눈에 보이는 산물들에서 보편적으로 일어나는 이 두 과정은 눈에 보이지 않는 산물들에서도 동일하게 나타난다. 인간의 몸이 세포로 구성되고 집이 벽돌로 이루어진 것처럼, 인간의 마음도 생각으로 형성된다. 사람의 인격이 다양한 이유는 인격은 다양한 생각들이 다양한 형태로 결합하여 생성된 복합체이기 때문이다.

여기에서 당신은 **'마음에 품은 생각에 따라 삶이 형성된다.'**는 말에 담긴 심오한 진리를 확인할 수 있다. 각 개인의 특성은 고정된 사고방식이기도 하다. 즉 장기간에 걸친 의지적인 노력과 엄청난 자기 훈련을 통해서만 그 사고방식은 변경되거나 제거될 수 있다. 그만큼 사고방식이 한 인격과 일체화되었다는 의미이다. 인격은 집을 세우는 과정이나 나무가 자라나는 과정과 동일한 방식으로 만들어진다.

다시 말해, **인격은 끊임없이 새로운 재료가 추가되면서 형성되어 가는데, 이때 사용되는 재료가 바로 생각이다. 수백만 개의 벽돌**

로 도시가 건설되듯이, 수백만 가지의 생각으로 마음과 인격이 형성된다.

모든 사람은 인식하든 그러지 못하든, 자신의 마음과 만난다. **사람은 필연적으로 생각하면서 살아가는데, 하나의 생각을 할 때마다 마음이라는 건물에 하나의 벽돌을 쌓아 올리게 된다.** 많은 사람이 이러한 '벽돌 쌓기'를 부주의하게 아무렇게나 하며 살아간다. 그 결과 사소한 걱정이나 유혹에도 쉽게 무너지는 불안정하고 위태로운 인격을 만들고 만다.

또한 어떤 사람들은 자신의 마음이라는 건물에 수없이 많은 불순한 생각의 벽돌들을 쌓아 올린다. 불순한 생각은 쌓자마자 힘없이 무너져 버리는 부식된 벽돌과 같다. 이 벽돌은 언제나 보기 흉한 미완성의 건물을 남기며, 이러한 건물은 그 소유주에게 안식처도 피난처도 되어줄 수 없다.

심신을 쇠약하게 만드는 건강에 해로운 생각, 부도덕한 쾌락에 관한 무기력한 생각, 실패에 관한 나약한 생각, 자기 연민에 관한 감상적인 생각은 불량하고 쓸모없는 벽돌이며, 이러한 벽돌로는 견고한 마음이라는 건물을 지을 수 없다.

순수한 생각들은 절대 무너지지 않는 견고한 벽돌과 같다. 이 벽돌을 현명하게 선택하고 잘 배치하면 아름다운 건물을 빠르게 완성할 수 있으며, 이러한 건물은 소유주에게 안식처와 피난처가 되어준다. 힘과 자신감, 열정 같이 에너지를 채워주는 생각들, 자유롭고 관대하며 이타적인 삶에 관한 생각들은 견고한 마음의 건물을 세울 수 있는 훌륭하고 유용한 벽돌이다. 그리고 이러한 건물을 지으려면 우선 낡고 쓸모없는 사고방식을 반드시 해체해야 한다.

> 내 영혼이여, 더 웅장하고 위엄 있는 집을 지어라!
> 인생의 계절들은 빠르게 흘러가고 있으니.

모든 사람은 자기 스스로 자신을 만들어낸다. 근심과 걱정이라는 빗물이 들이치고 낙심이라는 맹렬한 바람이 수시로 몰아치는 허술한 마음의 오두막집에 살고 있는가? 이제부터 훨씬 웅장하고 훌륭한 집을 짓기 시작하라. 허술한 건물에 대한 책임을 자기 자신이 아닌 하늘이나 조상, 어떤 사람, 상황에 전가히지 마라. 그린 태도는 스스로에게 위안을 주지 못할 뿐만 아니라 더 좋은 집을 짓는 데도 도움이 되지 않는다.

물질세계의 모든 것은 수학적 원리에 기초하고 있다. 물질세계에서 인간이 이루어낸 모든 놀라운 업적들은 이 기초 원리를 엄격하게 준수했기에 가능했다. 행복하고 성공적인 삶을 만들고 싶다면 단순한 이 근본 원리를 알고 적용해야 한다.

맹렬한 폭풍도 견딜 수 있는 견고한 건물을 지으려면, 사각형이나 원형 같은 간단한 수학적 원리나 법칙에 근거해야 한다. 이러한 원리나 법칙을 무시하면 완성되기도 전에 건물은 무너져 버릴 것이다.

마찬가지로 성공적이고 강인한 삶, 즉 역경이라는 맹렬한 폭풍에도 굳건히 버틸 수 있는 마음을 형성하려면 단순하지만 결코 변하지 않을 몇 가지 '도덕적 원리'에 기초해야 한다.

그 원리는 바로 정의, 정직, 성실, 친절이다. 사각형의 네 직선이 집 설계의 기초가 되는 것처럼 이 네 가지 도덕적 원리는 삶을 형성하는 기초가 된다. 만일 이 원리들을 무시하고 불의, 속임수, 이기심으로 성공과 행복을 얻으려는 사람이 있다면, 그는 설계의 기초를 무시하면서 내구성 있는 건물을 지을 수 있다고 믿는 건축가와 다를 바 없다. 그 사람은 결국 낙담과 실패만 얻게 될 것이다.

도덕적 원리를 무시하고도 한동안 돈을 잘 버는 사람도 있다. 그러나 실제 그의 삶은 너무나도 나약하고 불안정해서 금방이라도 무너질 수 있다. 그런 사람에게 위기가 찾아오면 지금까지 쌓아온 부와 명성은 너무나 힘없이 무너져 버린다.

위에서 열거한 네 가지 도덕적 원리를 무시하는 사람은 진정으로 행복하고 성공하는 삶을 절대 이뤄낼 수 없다. 반면에 모든 일을 할 때마다 이 원리를 철저하게 지켰던 사람은 성공과 행복을 얻을 수밖에 없다. 이는 지구가 정해진 궤도를 벗어나지 않는 한 태양의 빛과 열을 계속해서 받게 되는 이치와 같다. 그는 절대로 몰락할 수 없다.

눈에 보이지 않지만 절대적인 힘으로 구성된 우주에서는 가장 미세한 부분까지도 예외 없이 이 원리가 정확하게 적용되고 있다. 현미경으로 들여다보면 눈에 보이지 않을 만큼 작은 것도 엄청나게 거대한 것과 마찬가지로 똑같이 완벽한 구성을 갖추고 있다는 사실을 확인할 수 있다. 눈송이조차도 별처럼 완전한 모습을 갖추고 있다. 삶이라는 건물을 지을 때도 마찬가지로 사소한 모든 부분에 면밀한 주의를 기울여야 한다.

가장 먼저 기초를 쌓아라. 건물의 기초는 땅에 묻혀 보이지 않지만 가장 주의를 기울여야 하며, 건물의 다른 어떤 부분보다 튼튼하게 만들어져야 한다. 그런 다음, 수평과 수직을 맞추어 돌과 벽돌을 세심하게 차곡차곡 쌓으면 마침내 견고하고 아름다운 건물을 완성하게 된다.

당신의 삶도 마찬가지이다. 당신이 원하는 그 삶을 살아가고자 한다면, 삶의 모든 세부 사항, 즉 시시각각 주어지는 모든 일들, 하찮은 모든 것들에 도덕적 원리를 적용하고 실천해야 한다. 모든 것을 다 완벽하게 해야 한다는 말 같아 엄두가 나지 않는가? 그렇지 않다. 삶의 모든 순간, 모든 일에 엄청난 에너지와 의지를 기울여야만 한다는 말이 아니다. 그렇게 하면 사람은 살 수 없고, 그렇게 살아서도 안 된다. 다만, **사소한 일이라고 소홀히 여기며 대충 하거나, 끝없이 뒤로 미루거나, 하지 않았으면서 한 척하지 말아야 한다는 것이다.**

이것이 중요한 이유가 무엇일까? 만약 당신이 사소하고 작은 일에 불성실하게 임한다면, 크고 중요한 일을 만났을 땐 최고로 성실하고 세심하게 잘 해낼 수 있을 것 같은가? 작은 벽돌들은 대충 쌓고, 건물에서 눈에 띄는 주요 부분들은 세심하게 잘 쌓았다고 해도 당신의 건물은 절대 견고하지 않다. 당장은 티가 나지 않을 수 있다. 그러나 시간이 지나면서 문제가 드러나거나 강한 폭우나 태풍처럼 특정 사건이 발생하면 문제가 전면으로 드러나 균열이 생기고 흔들릴 것이다.

상업이든, 농업이든, 전문직이든, 기능직이든, 어떤 직종의 일에 종사하고 있든지, 사소한 부분을 소홀히 하거나 잘못 처리하는 일은 건축할 때 벽돌이나 부자재를 대충 다루는 것과 같다. 이러한 행동은 결국 건물을 취약하게 만들고 건물에 문제를 일으킨다. 실패하고 슬픔에 빠진 사람들 대부분은 겉보기에 사소해 보이는 부분들을 간과했기 때문에 그런 결과를 얻는다.

사소한 부분은 그냥 넘어가도 되고, 중요한 부분에 모든 주의를 기울여야 한다고 많이들 잘못 생각한다. 그러나 세상을 한번 둘러보고 삶에 대해 조금만 진지하게 숙고해 본다면, 모든 위대한 것들은 사소하고 세부적인 것들이 모여 만들어졌으며, 아무리 작고 세부적인 것일지라도 각각 완벽한 구성을 갖추고 있다는 교훈을 배우게 될 것이다.

나를 억압하는 시스템은 존재하지 않는다

 최근에 인간의 전형적인 생활 방식에 반대하는 움직임이 널리 일어나고 있는데, 이를 '시스템'이라고 부른다. 대부분 시스템은 인간을 통제하고 조종하며 지배하는, 인간의 특성이나 성향 즉, 인간성과는 별개로 돌아가는 특정한 체제라고 여긴다. 그래서 시스템에 반감을 갖는 사람들은 '상업 시스템'이나 '사회 시스템', 혹은 '경쟁 시스템', '정치 시스템' 등을 언급하며 특정 시스템이 가난이나 범죄와 같은 광범위한 모든 문제의 근본 원인이라고 책임을 돌리며 비난한다. 마치 시스템이 무고한 인류를 강제로 탄압하고 노예로 만드는 거대한 무형의 독재자인 것처럼 묘사한다.
 그러나 이들이 말하는 독단적이고 외형적인 시스템은 사실 존재하지 않으며 그저 망상일 뿐이다. 인간이 만든 시스템은 인간의 욕구나 필요와 분리될 수 없다. 사실 시스템은 인간의 욕구와 필요를 반영해서 만든 눈에 보이는 결과물이다. 총체적으로 모든 것들이 조율된 공동체의 행동 방식이며, 대부분의 구성원이 어떤 일을 하는 방식을 암묵적으로 합의한 결과이다. 즉, 시스템은 인류가 행동하기로 합의한 체계이며, 인간이 행동하는 한 시스템은 계속 생겨나고 유지되며 해당 행동을 멈추면 관련 시스템은 사라진다.

여기서 중요한 점은 각 개인이 그 시스템에 찬성하거나 반대하는 것과는 별개로 '개인의 태도'는 자기 자신의 행동에 전적으로 달려 있다는 사실이다. 만약 어떤 사람이 겉으로는 특정 시스템을 격렬하게 비난하지만, 정작 일상생활에서는 그 시스템에 따라 지속적으로 행동한다면, 결국 그 사람은 마음속으로는 그 시스템에 동조하고 있는 셈이다.

이러한 행태는 기존 시스템을 개혁하자는 주장이 제기되는 분야에서 오히려 가장 두드러지게 나타난다. 현재의 자본주의 시스템이 가난한 사람들의 노동을 발판으로 부를 축적하는 체제라고 비난하는 사회주의자에게 내가 질문한 적이 있다. 어째서 정작 사회주의자 자신들은 다른 사람의 노동의 결실인 배당금으로 먹고 살면서 매일 자본주의를 악이라고 선전하는지 물었는데, 그때마다 돌아오는 대답은 항상 똑같았다.

"나를 비난하지 말고 시스템을 비난하시오."

그들은 시스템을 자기 자신이나 자기 행동과는 무관한 마치 외부에 실재하는 어떤 거대한 존재로 인식하고, 정작 자기 스스로는 시스템이라는 폭군의 무력한 피해자라고 여기고 있다.

그러나 이런 사람들은 다른 사람과 힘을 합해 시스템을 비난하는 일에 동조함으로써 자기가 악하다고 주장하는 바로 그 시스템의 공범이다. 그 사람이 악한 시스템 자체이며, 의심할 여지없이 어린 임금노동자들을 착취하는 장본인이기에 "당신이 바로 그 시스템이다!"라고 비난받아 마땅하다.

그렇다면 인간 사회의 시스템이란 도대체 무엇인가? 사람들 사이에서 동일한 행동 방식을 유지하겠다고 암묵적으로 합의한 '근본적 행동 양식'이다. 이러한 합의에는 시스템을 만들고 유지하는 사람들이 그 시스템의 장점뿐만 아니라 단점까지 받아들일 준비가 되어 있어야 한다는 의미가 내포되어 있다. 이익을 위한 행동에는 언제나 그에 상응하는 불이익이 있기 마련이다. 왜 그러할까? 인간의 이해관계를 둘러싼 모든 싸움에는 항상 승리와 패배가 존재하기 때문이다.

이런 관점에서 볼 때, 요즘 유행하는 "나는 시스템의 무고한 피해자다!"라는 말이 얄팍한 기만으로밖에 보이지 않는다. 소극적으로든 적극적으로든 모든 구성원이 참여하고 있는 시스템에서 무고한 피해자란 존재하지 않는다. 유죄가 있다면 모두가 유죄이다. 실제로 오랜 투쟁의 역사를 거쳐 진화한 인간의 시스템에는 무죄도 유죄도 없다. 단지 한쪽에는 승리와 행복이, 다른 쪽에는 패배와 불행이 있었을 뿐이다. 전투나 경주에서 승리와 패배가 당연한 결과인 것처럼 인간 사회에서도 승리와 패배는 인간의 행동에 따른 결과이기 때문이다.

이를 더 명확히 설명하기 위해 간단한 예를 들어보자. 열 사람이 함께 어떤 형태의 도박에 참여하기로 동의했다고 가정해 보자. 지금 이 열 사람의 목표는 이겨서 재산을 불리는 일이지만, 그들은 돈을 전부 잃을 확률이 있다는 사실도 잘 알고 있다. 사실 열 사람 가운데 일부는 게임에서 반드시 져야만 한다. 이것이 게임에서 피할 수 없는 위험이다. 이들이 판돈을 걸고 시작하자마자 '도박 시스템'이 만들어지고, 이 시스템의 장점과 단점은 곧 명확히 드러난다. 누군가는 이겨서 부자가 되었다가 곧 다시 패배하여 금세 다시 가난해지는 등 변동이 거듭된다. 그러나 궁극적으로는 어떤 사람은 완전히 패배하여 전 재산을 잃고 가난해지며, 반대로 어떤 사람은 패자의 몫을 획득하여 부자가 된다.

이 경우에 승자에게 패자를 착취하고 짓밟은 죄가 있다고 말할 수 없으며, 패자에게 자신이 원해서 스스로 참여한 도박 시스템의 무고한 피해자라고 말할 수도 없다. 열 사람의 사고방식과 행동에는 무죄라는 개념 자체가 없다. **그저 누군가는 이익을 얻고, 누군**

가는 불이익을 당하는 필연적인 결과에 대한 상호 합의만 있을 뿐이다.

마찬가지로 인간이 관여한 다양한 시스템 안에는 무고한 피해자도 죄가 있는 폭군도 없다. 패배하여 당분간 손실을 겪는 사람을 피해자라고 부른다면 피해자가 존재하겠지만, 그들은 사실 '자기 행동의 피해자'이지 외부의 지배나 부당한 강압에 의한 피해자라고 볼 수 없다. 도박에 참여한 열 명 가운데 피해를 입은 사람은 아무도 없으며 피해자가 될 수도 없다. 다만 자기 자신의 피해자일 뿐이다. 시스템 밖에 있는 사람들, 즉 도박을 장려하지도 선전하지도 않았던 사람은 아무런 영향을 받지 않았고 피해도 입지 않았다.

이 세상에 탐욕이 만연하다는 사실은 명백하며 인류는 진화 과정에서 주로 이기적인 길을 따라 걸어왔고, 그러면서 큰 교훈을 배우고 있다. 그러나 **탐욕은 결코 외부 '시스템'으로 존재한 수 없다. 탐욕은 인간의 마음에 존재하며 탐욕스러운 사람만 탐욕의 피해를 입는다.**

이쯤에서 "탐욕스러운 회사 사장에게 피해를 본 무고한 사람들은 어떻게 되는가?"라는 흔한 질문이 예상된다. 이에 모든 사람의 상황과 조건에 보편적으로 적용될 만한 대답을 해보려 한다. **그들은 무고한 사람들이 아니라, 최대한 적은 노력만 들여서 될 수 있는 한 많은 돈을 벌고자 하는 부도덕한 그 사장과 똑같은 사고방식을 지닌 사람들이다.**

다른 사람이 수고한 결실을 아주 손쉽게 얻으려고 애를 쓰거나 기회만 생기면 그럴 마음을 품는 사람은(그리고 마땅한 대가를 지불하지 않고 돈을 얻으려는 사람도 매우 많다.) 결핍과 가난이 존재하는 이 현실을 한탄할 자격 자체가 없다.

일하지 않고 어느 날 갑자기 부자가 되어 영원히 편안하게 살 수 있으리라는 희망은 가난한 사람들에게 흔히 볼 수 있는 망상이다. 탐욕이 인간의 마음을 계속 흔들고 있는 한, 결핍과 가난은 계속될 것이다.

사람은 부정적인 것을 욕망하면 그에 대한 행동을 하게 되고, 여러 사람이 모여 결국 '욕망 시스템'을 구성한다. 도박꾼 열 명이 노동 없이 돈을 불리기를 욕망했고, 서로의 손해를 감수하면서까지 욕망에 따라 행동했다. 그들의 행동이 모여 시스템이 만들어졌고 그에 따른 마땅한 결과가 나온 것뿐이다. 그러므로 시스템은 본질적으로 '행동'이며, 다수의 개인이 상호 합의한 집단적인 행동이다. 사람들이 자기 자신을 따로 분리해 낸 후 시스템의 탓으로 돌리는 소위 '사회의 악'들은 실은 모두 개인의 행동에 근거한 결과이다.

인간은 필연적으로 자기 행동에 대해 마땅한 결과를 거두기 때문에 시스템은 본질적으로 '불공정'할 수 없다. 고통은 분명히 존재한다. 그러나 부당함은 없다. 열 명의 도박꾼 중 가난에 빠진 사람이 승자에게 부당한 대우를 받았거나 도박 시스템의 무고한 피해자라고는 말할 수 없듯이, 그들이 받은 몫은 정당했다. 이때 가난은 자신의 행동에 따른 피할 수 없는 결과일 뿐이다.

인간과 시스템의 관계는 태양과 빛, 구름과 비, 또는 생각과 행동처럼 내재되어 있던 본질이 밖으로 표출되는 현상과 같다. 시스템은 사람이며, 동시에 사람의 행동이기도 하다. 시스템을 사람과 별개로 인식하는 것은 생각과 원칙을 혼동하는 일이다. 무지한 행동에 대한 결과는 분명하며, 반대로 현명한 행동에 대한 보상도 확실하기 때문에, 시스템이 작동하는 원리 자체에는 불공정이 없다.

나는 시스템 안에서는 악을 찾을 수 없었다. 다만 무지와 잘못된 행동에서 악을 본다. 모든 시스템이 정당성을 갖는 이유는 인간은 자신의 판단에 따라 행동할 자유가 있기 때문이다. 열 명의 도박꾼도 부자가 되거나 가난하게 되기로 서로 합의했으므로 자기 자신들 말고는 누구도 탓할 수 없다. **만약 승자가 자기가 벌어들인 재물에 만족한다면 패자도 똑같이 자기가 잃은 재물에 만족해야 한다. 그렇지 않다면 스스로를 돌아보고 행동을 고쳐야 한다. 더 나은 행동을 찾는 동기가 된다면 가난도 유익한 훈련이 된다.**

돈을 벌기 위해
일하는 것이 아니다

 활동은 존재하기 위한 필수 요건이며, 유용성은 존재의 목적이다. 자연은 쓸모가 없어지면 즉시 없앤다. 자연의 경제 원리에는 오류가 없다. 끊임없이 진화하는 자연 안에서 더 이상 도움이 되지 않는 것들은 생태계에 방해되지 않도록 조절되다가 소멸된다. 같은 원리로 유용한 것들이 방치되거나 빛나는 것들이 녹슬도록 내버려두는 일도 없다. **능력이 있으면 언제나 쓰일 만한 분야와 기회가 있고, 에너지가 있으면 에너지를 발휘할 정당한 통로가 열리고, 의욕이 넘치는 마음에는 성취할 수단이 주어진다.** 밭이 쟁기를, 바다가 배를, 항구가 물건을 기다리듯이, 자연도 물질적이든 정신적이든 모든 영역에서 함께 일할 사람을 기다리며, 그들이 제공하는 가치에 대해 보상해 줄 준비를 하고 있다.

　모든 능력 가운데 일할 수 있는 역량이 가장 유용하고 가치 있으며, 이 일할 수 있는 역량은 실로 놀라운 힘이다. 사람들은 장애가 생기거나 병에 걸렸을 때 비로소 이 사실을 깨닫는다. 어쩔 수 없이 일할 수 없는 상황에 놓였을 때, 다시 한번 몸과 마음의 능력을 발휘하여 건강하고 활기차게 일할 수만 있다면 무엇이라도 하겠다고 생각한다.

　일에는 두 종류가 있다. 좋아서 하는 일과 강제로 하는 일이 그것이다. **일을 하는 유일한 목적이 월급뿐인 사람, 돈으로 환산되는 것 외에는 일에 대한 애정이나 관심이 없는 사람은 진정한 노동자가 아니라 노예다.** 그는 필요하니까 어쩔 수 없이 일할 뿐이다. 관심은 온통 일이 아닌 보수에 있다. 마지못해 형식적으로 일하면서 보상에 대해서는 간절하고 적극적이다. 그런 사람은 할 수만 있다면 점점 더 적게 일하고 점점 더 많은 임금을 받으려 한다. **'일은 덜 하고 돈은 더 받자.'는 외침은 자유인이 아닌 노예의 사고방식이다.**

　반대로 마음을 다해 일하고, 맡은 일을 제대로 해내려고 노력하는 사람은 점점 성장한다. 그 사람에 대한 필요성과 영향력이 점차 커지기 때문이다. 그는 작은 성공에서 큰 성공으로 나아가며 낮은 수준의 일에서 점점 높은 수준의 일을 맡게 된다. 일 자체를 소중히 여기며 기꺼이 자신의 의무를 다하는 마음으로 일한다. 자연의 경제 원리에 맞게 그는 더욱 위대한 탁월함과 풍성한 보상을 받을 만한 이타적인 태도를 갖추고 있다.

 풍성한 보상은 탐욕스럽게 보상을 추구하는 사람을 피해서 지나가는 반면에, 성실하게 일에 집중하는 사람은 놓치지 않고 찾아간다. 진정한 보상은 반드시 주어진다. 오히려 합당한 노동은 하지 않고 보상만 챙기려는 이기적인 욕망을 품게 되면 들어온 임금은 실망스럽고, 기대한 보상을 받지 못했다고 느낄 수밖에 없다.

 노동의 대가는 명확하다. 보편적인 경제 원리에서는 누구도 정당한 임금을 빼앗기지 않는다. 모든 노동은 그에 비례하는 대가가 주어진다. 노동이 원인이며, 임금이 결과로 작용한다. 이 점에 주목해야 한다. **임금은 결과일 뿐 목표가 될 수는 없다. 노동은 더 위대하고 더 높은 목표, 즉 웰빙을 위한 수단일 뿐이다.** 일한 대가로 돈을 받는 자체가 임금의 전부는 아니다. 참된 노동에 대한 임금에서 돈은 사실 작은 부분일 뿐이다.

 일에 대한 숭고한 의미를 깨닫는 순간, 한 사람의 인생에는 뚜렷한 전환점이 찾아온다. 그는 일을 괴로워하던 노예 상태에서 일의 즐거움을 누리는 행복한 상태가 된다. 이제 탐욕을 부리고 보상을 바라며 늘 힘들고 수치스럽던 그 마음에서 벗어나, 동료들 안에서 자신의 자리를 받아들이며 겸손하고 활기찬 협력자가 되어 자발적으로 일을 하며 행복해한다.

 이런 사람은 일곱 가지 충만함을 '완전한 임금'으로 받는다.

1. 돈
2. 유용성
3. 탁월함
4. 권위
5. 주체성
6. 명예
7. 행복

　무엇보다 일의 의미를 깨달은 사람은 노동의 가치에 상응하는 충분한 보수를 받는다. 또한 그 사람의 유용성이 세상에 더욱 알려지면 일할 기회도 점점 더 많아진다. 이렇게 유용성 있는 사람이 되는 자체가 노동에서 느낄 수 있는 높은 수준의 기쁨 중 하나다. 노동의 주요한 보상 가운데 하나가 많은 사람이 자신을 필요로 하는 유용성 있는 사람이 되는 것이기 때문이다. **노예는 빈둥거릴 수 있는 나태함을 노동의 보상으로 탐내지만, 진정한 노동자는 더 많이 일할 기회가 있음에 감사한다.**

　감사하는 사람이 빈둥거리며 같은 임금을 받는 사람에 비해 미련하고 아둔해 보이는가? 절대로 그렇지 않다. 그렇게 축적된 유용성은 일에서 완성도를 높이는 기술, 즉 탁월함이라는 임금으로 이어지기 때문이다. 학교에서 새로운 지식을 배운 학생이나, 문제를 풀고 언어를 습득하는 데 어려움을 극복해 본 성인이라면 그 과정에서 작은 성공을 이룰 때마다 경험했던 행복에 대해 잘 알고 있을 것이다. 그리고 **시간이 한참 더 흐른 뒤, 이러한 성공들이 자신의 커리어에 어떻게 연결되는지 그 중요성을 깨닫게 된다.**

탁월함이 정점에 이르면 마침내 권위를 얻게 된다. 자기 일에 헌신하는 사람은 무슨 일이든 그 일의 최고 권위자가 된다. 그리고 자신이 지나온 길을 뒤따라 걸어오는 사람들을 가르친다. 그가 연습을 통해 쌓은 경험을 배우고자 많은 사람이 찾아온다. 그는 사람들 사이에서 신뢰를 얻고 중요한 위치를 차지한다. **권위는 오랜 시간 힘들게 일한 결과로 받게 되는 임금의 한 형태이다.** 권위는 스스로 노력하고 탁월함을 쌓아온 사람에게만 주어지는 보상이다. '성실한 수고'라는 씨앗을 뿌려야 권위의 열매를 거둘 수 있다.

권위와 함께 오는 보상이 주체성이다. 채찍에 맞아야만 하기 싫은 일을 억지로 하는 노예와 달리, 진정한 노동자는 주체성과 명예를 얻음으로써 사람들의 존경과 사랑을 받는다.

명예는 가장 고귀한 형태의 임금으로 평생 힘을 다해 성실히 일해온 사람에게 반드시 주어진다. 명예가 다소 늦게 찾아올 수는 있지만, 항상 최적의 시간에 틀림없이 찾아온다. 가장 먼저 주어지는 가장 하찮은 임금이 돈이며, 가장 마지막에 주어지는 가장 위대한 임금은 명예이다. 크나큰 명예는 무엇을 의미할까? 노동의 과정이 몹시 길고 어려웠음을 의미한다. 또한 유용성의 정도에 따라 얻게 되는 명예도 다양하다. 가장 큰 영향력을 발휘한 사람이 최고의 명예를 얻는다.

충분한 임금을 받은 사람은 충만한 행복을 받는다. 게으르고 억지로 일하는 사람에게 반드시 불만으로 이루어진 불행의 임금이 주어지는 것처럼, 진정한 노동자에게는 행복이 주어진다.

일반적으로 먼저 일을 하면 그다음에 임금을 받는다. 이와 달리 웰빙은 스스로에게 받는 임금이다. 일을 진심으로 대하고, 자신이 하는 일을 좋아하며, 그 일을 좋아하는 자기 스스로를 사랑하며, 그렇게 번 돈을 어리석게 낭비하지 않고 자신과 자신의 삶을 위해 활용할 때만 받을 수 있다. 다른 이들이 보기에 적은 액수의 임금을 받고 일하는 사람이라 할지라도 그 돈을 지혜롭게 쓰면 웰빙을 누릴 수 있음은 물론이고, 자신이 일하는 분야에 조금이라도 기여할 수 있다. 그러나 번 돈을 어리석게 낭비하면 삶의 질은 떨어지고 웰빙이 어떤 감성인지 평생 알지 못한 채 생을 마감하게 된다.

그 누구든 자기가 베푼 대로 받는 것이 바로 만물의 법칙이다. **나태하게 살면, 활동하지 않아도 되는 죽음이라는 대가를 받는다.** 인색한 태도로 마지못해 일하는 사람은 인색하고 불안정한 보수를 받는다.

"하지만 힘겹게 일하는 수많은 대중은 어떻습니까? 당신의 말은 특혜를 받은 일부 사람들에게는 사실이겠지만, 오랜 시간 힘들게 일하는 대부분의 공장 노동자에게는 어떻게 적용되죠?"라고 반문할 수도 있다.

　이 원리는 그들에게도 공평하게 적용된다. 특혜를 거저 받는 사람은 아무도 없다. 지금 높은 자리를 차지하고 있는 사람도 낮은 자리에서 일하던 시절이 있었다. 공장 노동자라고 해서 이타적인 태도로 성실하고 양심적으로 일하지 말라는 법은 없다. 자신의 경제적·신체적·정신적 자원을 성실히 관리해서 돈을 벌고, 그 돈을 자기 가정을 위해 기꺼이 사용하고, 저녁과 여가 시간을 자신의 능력을 함양하는 데 써라. 그렇게 해서 유용성과 권위를 얻게 되면 높은 자리에서 복잡한 업무와 무거운 책임도 충분히 감당할 수 있을 것이다. 이 모든 준비 과정 자체가 자신이 진정 원하는 삶으로 가는 길이다.

당신에게 일의 의미는 무엇인가

'노동이 곧 삶이다.'라는 문장에는 진리가 담겨 있다. 이는 아무리 반복해도 지나치지 않을 만큼 반복해서 익혀야 할 개념이다. 노동을 종종 행복하고 고결한 것이 아니라 귀찮고, 편안함과 즐거움을 '빼앗는 것'으로 여기기 때문에 이 문장에 담긴 교훈을 더욱 마음에 새기고 철저히 배워야 한다.

정신적·육체적 활동은 생명의 핵심이다. 활동이 완전히 멈추는 일이 죽음이요, 죽음은 바로 부패로 이어진다. 움직이지 않는 것과 죽음은 밀접한 연관성이 있다. 이와 달리 활동이 많을수록 생명력이 넘친다. 지적 노동자는 정신적 활동을 멈추지 않기에 오래 사는 경향이 있고, 농부나 정원사처럼 신체 활동을 멈추지 않는 사람도 장수를 누린다.

　마음이 긍정적이고 정신이 건강한 사람은 즐겁게 일하며 자신의 노동을 뿌듯하게 여긴다. 자기 일을 하면서 "혹사당한다."라고 불평하지 않는다. 자신이 원하는 삶을 위해 열정적으로 사는 사람이 혹사당한다고 느끼기란 거의 불가능하다.

　그렇다면 사람을 죽음에 이르게 하는 정신은 무엇인가? 걱정, 나쁜 습관, 불만족, 그중에서도 특히 게으름이다. 만일 노동이 생명이라면 게으름은 죽음이다. **자기 일을 하찮게 여기는 사람이 있다면, 하찮은 것은 자기 일이 아니라 허영심의 노예인 자기 자신이다.**

　　몸과 마음은 매일 해야 할 일이 있다.
　　그로써 자신의 존엄성을 나타낸다.

　일을 두려워하는 게으른 사람, 일을 부끄럽게 여기는 허영심이 많은 사람은 아직 가난하지 않더라도 이미 가난으로 가는 지름길을 걷고 있다. 반대로 일을 사랑하는 부지런한 사람과 일을 소중히 여기는 사람은 아직 경제적 풍요를 이루지 못했더라도 이미 풍요로 향하는 지름길을 걷고 있는 셈이다.

　되도록 적은 노력으로 빠르게 큰 부를 얻으려는 욕심이 흔한데, 이는 본질적으로 도둑놈 심보와 같다. 수고하지 않고 노동의 열매를 얻으려 하는 건 타인의 수고가 담긴 노동의 열매를 가로채는 행위이다. 동등한 가치의 대가를 치르지 않고 돈을 얻으려 하면 자기 몫이 아닌 타인의 몫을 가져가려는 행위가 아닌가. 이런 사고방식의 극단에 바로 도둑질이 있다.

　무슨 일을 하든지 일은 다 고귀하다. 고귀한 마음으로 일하면 그 일은 실제로 고귀한 일이 된다. 반면에 하찮은 일이라고 생각하며 일하면 일이 아닌 자신이 하찮은 사람이 되고 만다. 성공의 길을 걷는 사람은 자기에게 주어진 그 어떤 일도 경시하지 않는다. 당신이 설령 지금 가난하다고 할지라도, 긍정의 에너지를 지니고 불평 없이 일하며 낙심하지 않는다면 **지금 하고 있는 그 일이 당신의 성공과 별 상관이 없어 보인다 하더라도, 어떤 방식으로든 연결되어 당신에게 성취를 안겨줄 것이다.** 심지어 고되고 실패한 것처럼 보일 때에도 행복이 항상 곁에 미물 것이다.

**JAMES
ALLEN**

**CHANGING
FATE**

3부

지금, 원하는
목표를 성취하는 법

모든 길이 내가 발걸음을 옮겨주기를 기다린다.
밝은 길과 어두운 길, 생기 넘치는 길과 적막한 길,
넓은 길과 좁은 길, 높은 길과 낮은 길,
좋은 길과 나쁜 길이.

나는 빠른 걸음이나 느린 걸음으로
지금 원하는 대로 어느 길이든 들어설 수 있다.
그리고 직접 걸어봄으로써
어떤 길이 좋은 길이고 나쁜 길인지 깨닫게 된다.

이기심을 버려라,
그러면 부자가 될 것이다

　진정한 경제적 풍요는 성실, 믿음, 관대함, 사랑이 넘치는 마음을 지닌 사람에게만 실현된다. 이러한 자질을 지니지 못한 사람은 경제적 풍요가 무엇인지조차 깨달을 수 없다. 왜냐하면 행복과 마찬가지로 풍요는 단순히 물질적 소유만이 아니라 내면에서부터 실현되기 때문이다. **탐욕스러운 사람도 백만장자가 될 수 있겠지만, 평생을 비참하고 인색하고 불행하게 살아갈 것이다. 그는 자기보다 부유한 사람이 세상에 존재하는 한 물질적으로 부족하다고 생각하기 때문에 비루하게 살게 된다.**

　세상은 정신적으로나 물질적으로나 좋은 것들로 가득 차 있다. 그러나 돈 몇 푼, 혹은 땅 몇 평을 더 확보하려는 인간의 맹목적인 열망을 보면, 이기심이란 얼마나 어리석고 무지한지, 자기중심적인 태도가 얼마나 파괴적인지 깨닫게 된다.

자연은 조건 없이 모든 것을 나눠주면서도 아무것도 잃지 않는다. 그러나 사람은 모든 것을 움켜쥐면서도 모든 것을 잃는다. 경제적으로 진정한 풍요를 누리고 싶다면 많은 사람이 그랬던 것처럼, 당신이 옳은 일을 하면 오히려 손해 볼 거라는 확신에서 벗어나야 한다.

정의를 최고의 선이라고 생각하는 당신의 믿음을 '경쟁'이라는 단어가 흔들지 못하게 만들어라. 나는 '경쟁의 법칙'에 대해 사람들이 뭐라고 이야기하든 신경 쓰지 않는다. 왜냐하면 경쟁의 법칙을 보잘것없게 만들어버리는 절대 불변의 법칙을 알고 있기 때문이다.

이 법칙은 심지어 많은 이를 진정한 경제적 풍요에 이르게 한다. 정의로운 사람들은 자기 내면과 삶에서 경쟁의 법칙이 가장 중요하다고 생각하지 않는다. 나는 그간 인생의 모든 시간과 에너지를 경쟁의 법칙에 쏟아부은 사람들을 지켜보았고, 그런 행위가 어떤 파멸을 가져오는지 명확하게 알게 되었다.

무엇이 가장 중요한지 모른 채 정의의 길에서 벗어나 방황하는 사람은 경쟁이란 전쟁에 대비해 자신을 보호해야 한다. 반면에 정의 추구를 가장 우선으로 생각하는 사람은 자기방어를 위해 고민할 필요가 없다. 이것은 허울 좋은 말이 아니다. 오늘날에도 정직과 자기 신뢰의 힘으로 자신만의 방식을 고수하면서 꾸준히 경제적 풍요의 길을 걷는 사람들이 있다. 반면에 그들을 해치려고 했던 자들은 이내 패배하고 물러갔다.

당신 삶에 섞여 있는
사실과 가설을 구분하라

사상과 표현의 자유가 넘치는 시대여서 수많은 논쟁과 혼란이 가득하다. 그런데 논쟁은 사실보다는 가설을 중심으로 이루어진다. 사실은 명확하고 변하지 않는다. 가설은 가변적이고 결국 사라진다. 지금 우리 시대 사람들은 사실 자체에 만족하지 않기에, 사실의 단순함을 받아들이며 살지 않는다. 사람은 본래 진실 자체보다는 진실에 덧붙인 포장을 좋아한다. 어떤 사실이 등장하면, 사람들은 여러 의문을 제기한다.

"그 사실을 어떻게 설명할 수 있죠?"

이후에는 가설에서 또 다른 가설이 나오고 꼬리에 꼬리를 물고 이어진다. 그리고 결국 모순된 가설들 속에서 사실은 자취를 감춰

버린다. 이 과정에서 상반된 여러 계파와 학파들이 탄생한다.

하나의 사실을 명확히 인식하면 다른 사실들도 인식할 수 있는 데 반해, 가설은 사실을 설명해 주는 것처럼 보이지만 실제로는 오히려 더 모호하게 만든다.

당신과 나, 우리 삶에 관한 사실들은 언제나 우리 앞에 놓여 있다. 자기중심성과 이기심이 만든 잘못된 환상을 버린다면 언제든지 발견하고 이해할 수 있다. 인간은 지혜를 찾기 위해 자신의 존재 너머를 살필 필요가 없이 자기 안에서 찾을 수 있다.

인간은 생각하는 대로 존재하고 생각하는 대로 산다. 따라서 생각과 존재에 관한 '사실'을 인식하고 깨달으면, 그 사람은 가장 높은 수준에 이르는 광활한 길에 들어서게 된다. 우리가 현명함 또는 지혜로움을 얻지 못하는 이유는 자신의 존재와 영혼이 각각 별개라고 추측하기 때문이다. 그래서 자신의 존재에 대해 생각할 때 영혼을 포함해서 생각하지 못하는 어리석음에 빠진다. 영혼을 분리해서 생각하는 잘못된 추측에 빠지면 자기 자신에 대해 제대로 인식할 수 없다. 결국 통합된 존재로서 인간의 본질, 더 정확히는 자기 자신의 본질에 대해 깨닫지 못한다.

인간의 삶은 실재이고, 생각도 실재이며, 생명도 실재이다. 즉 자기 자신을 실존하는 현실로 탐구해야 한다. 마음과 생각을 자기 존재와 분리해서 본다면 마치 존재하지 않은 개념을 연구하는 것과 같이 어리석다.

'사람과 정신'을 분리할 수 없듯 '삶과 생각'을 따로 분리할 수 없다. 빛, 광채, 색채가 하나의 실재이듯 정신, 생각, 삶도 서로 떼려야 뗄 수 없다. 빛, 광채, 색채를 설명하기 위해 다른 요소가 필요하지 않은 것처럼 '사실'은 그 자체로 충분한 모든 지식을 포함하고 있다.

정신적 존재인 인간은 늘 변한다. 고정된 존재가 아니라 잠재력을 지니고 있기에 점점 성숙하고 완전해져 간다. 인간은 생각 하나하나에 따라 그 존재가 빚어진다. 모든 경험이 성품에 영향을 준다. 모든 노력이 그의 내면을 만든다. 변화의 법칙에 따라 긍정적인 생각을 하기로 결정한다면 얼마든지 성공할 수 있으며, 정확히 반대로 인간의 타락에 대한 비밀도 바로 여기에 있다.

삶은 '생각하고 행동하는' 그 자체이며, 생각하고 행동하는 대로 변화한다. 이런 '생각의 원리'를 이해하기 전이라도 인간은 좋은 방향이든 나쁜 방향이든 계속 변화해 간다. 하지만 '생각의 원리'를 한번 이해하고 나면, 변화의 과정을 스스로 현명하게 지휘할 수 있다. 그런 사람은 이제 오직 제대로 된 방향으로 자신을 이끌며 변화해 갈 수 있다.

한 사람의 생각이 모두 합쳐져 '그 사람' 자체를 형성한다. 이 원칙은 오차 없이 누구에게나 동일하게 적용된다. 생각을 더하느냐 빼느냐에 따라 결과의 차이가 있지만 적용되는 수학적 법칙은 변하지 않는다.

자, 지금까지 사실과 가설, 그리고 그 안에 혼재되어 있는 사실로써 인간의 삶과 생각에 대해 말했다. 이런 말을 하는 이유는 당신에게 이 사실을 꼭 전하고 싶었기 때문이다. 반드시 기억하라.

> 사람은 정신적 존재이며, 정신은 생각으로 구성된다.
> 생각은 변하기 쉽기 때문에,
> 의도적으로 생각을 바꾸면 삶은 변화할 수 있다.
> 지금의 우리 존재는 우리가 품었던 생각의 결과이다.
> 모든 것이 우리의 생각에서 시작되었고,
> 모든 것이 우리의 생각으로 만들어졌다.

다시 한번 말하지만 '영혼'은 인간이 소유한 또 다른 자아가 아니다. 인간이 곧 영혼이다. 바로 당신이 생각, 행동, 지식의 주체이다. 모든 정신적 요소를 전부 합친 존재가 바로 당신이다. 욕망하고 슬퍼하고 즐거워하고 괴로워하며 미워하고 증오하는 주체가 당신이라는 이야기다. 마음은 형이상학적이거나, 신비롭고 초인적인 영혼의 도구가 아니다. **마음은 영혼이요, 실재하는 존재이며, 당신 자신이다.**

사람은 진정한 자아를 찾을 수 있으며 자신의 모습을 바로 볼 수 있다. 자기가 만들어낸 환상과 가설의 세계에서 돌아서서 실재를 직면할 준비가 되었을 때 '진짜 자신'이 누구인지 인식할 수 있다. 또한 자기가 바라는 모습으로 변할 수 있으며 새로운 생각을 지닌 새로운 사람으로 거듭날 수 있다. 모든 선택의 순간이 운명을 결정하기 때문이다.

원하는 삶을 위해
부정적 에너지를 끊어내는 법

　미덕의 길이 곧 지혜의 길이다. 세상만사에 적용되는 진리의 작동 원리를 이해하려면 밟아야 하는 단계가 있다. 진리를 깨닫고자 하는 사람은 도대체 무엇부터 시작해야 할까?
　자신의 마음을 바로잡으려면 삶에서 일어나는 모든 문제의 근원이자 저장소인 마음속에서 무지와 부정적인 에너지를 몰아내야 한다. 그러고는 지혜와 긍정적인 에너지의 힘으로 자신을 채워야 한다. 그렇게 하기 위해서는 무엇을 배워야 하고, 무엇을 해야 할까? 그것들은 어떻게 배울 수 있으며, 어떻게 실천해야 할까? 어떻게 통달하고 이해할 수 있을까?
　먼저 그릇된 정신 상태를 극복해야 한다. 가장 쉽게 근절할 수 있는 부정적 에너지이자 정신적 발전에 막대한 방해물부터 근절해 가라. 이어서 가정과 사회에서 긍정적 에너지를 행동으로 간단히 실천하는 방법을 알아야 한다. 진리를 깨닫기 위한 단계를 세 가지 교훈으로 분류한 다음의 표를 참고하면 이해하는 데 도움이 될 것이다.

극복하고 근절해야 할 부정적 에너지	
부정적인 몸의 에너지 1. 나태함 2. 방종(폭식)	**첫 번째 교훈** 몸의 훈련
부정적인 혀의 에너지 1. 비방 2. 잡담과 무의미한 대화 3. 모욕적이고 불쾌한 말 4. 경솔하고 무례한 말 5. 헐뜯거나 흠잡는 말	**두 번째 교훈** 혀의 훈련
실천하고 습득해야 할 긍정적 에너지	
1. 사심 없는 의무 수행 2. 확고한 정직함 3. 무한한 용서	**세 번째 교훈** 성향의 훈련

표에서 부정적인 에너지를 '몸의 에너지'와 '혀의 에너지'라고 이름 붙인 이유는 이러한 것들이 각각 몸과 혀를 통해 구현되기 때문이며, 명확하게 분류하여 독자들의 이해를 돕기 위함이다. 그러나 이 모든 부정적인 에너지는 주로 마음에서 발생하며, 그릇된

마음 상태가 몸과 말을 통해 발현된 것임을 분명히 이해해야 한다. 이러한 혼란스러운 상태가 존재하는 이유는 마음이 삶의 진정한 의미와 목적을 전혀 깨닫지 못했기 때문이다. 이러한 상태를 일단 극복하면 건실하고 현명한 삶을 살 수 있다.

그렇다면 첫 번째 교훈인 부정적인 몸의 에너지들을 어떻게 극복하고 근절해야 할까?

첫 번째 단계는 나태함을 극복하는 것이다. 이는 가장 쉬운 단계이지만, 이 단계를 완벽하게 통달하기 전까지는 다음 단계로 넘어갈 수 없다. 나태함은 당신이 원하는 삶으로 가는 길을 가로막는 완벽한 장애물이다. 그렇다면 나태함이란 무엇인가? 몸이 필요한 정도보다 더 많은 휴식을 취하거나 잠을 청하고, 곧바로 관심을 기울여야 할 일을 연기하거나 회피하며 소홀히 하는 일이다.

이런 나태한 상태는 어떻게 극복하는가? 몸이 하루의 피로를 회복하는 데 필요한 만큼만 잠을 청하고, 아침 일찍 일어나서 아무리 사소하더라도 매일 해야 하는 일을 실제로 해내야 한다. 어떤 경우에도 침대에서 음식이나 음료를 섭취하지 마라. 잠을 청할 목적이 없음에도 침대에 계속 누워서 안일함과 공상에 빠져 있지 마라. 그런 행동은 결단력과 민첩성, 순수한 당신의 열정을 잃게 만드는 치명적인 습관이다.

다음 단계는 방종 즉, 폭식을 극복하는 일이다. 폭식하는 사람은 식사의 진정한 의미를 고려하지 않은 채 육체적 욕구만을 만족시키기 위해 음식을 먹는다. 몸에 필요한 것보다 더 많이 먹거나 달콤하고 기름진 음식만 탐하는 사람도 마찬가지이다. 절제되지 않은 이러한 욕망은 하루에 섭취하는 음식의 양과 횟수를 줄이고, 스스로 정한 규칙에 따른 간소한 식사를 함으로써 극복할 수 있다. 규칙적인 식사 시간을 정해야 하며, 그 외의 시간에는 식사를 엄격하게 금해야 한다. 또한 야식은 전혀 필요하지 않다. 야식은 사람을 무감각하거나 몽롱한 상태로 만들어버리기에 반드시 피해야 한다.

이러한 연습을 하면 지금까지 도저히 통제할 수 없을 것만 같았던 식욕을 빠르게 제어할 수 있다. 방종이라는 부정적인 감각이 마음에서 제거되면, 굳이 의식하지 않아도 정비된 마음 상태에 맞춰 올바른 음식을 선택하는 습관이 형성될 것이다.

이때 마음의 변화가 반드시 선행되어야 실제로 이를 행동으로 옮길 수 있고, 그 결과를 볼 수 있다는 사실도 명심해야 한다. 마음의 변화 없이 식단에만 변화를 준다면 아무 소용이 없을 것이다.

육체를 잘 통제하고 확실하게 지배할 때, 해야 할 일을 열정적으로 수행할 때, 맡은 일이나 의무를 미루지 않을 때, 일찍 일어나는 일이 즐거워질 때, 절제가 확고한 습관으로 자리 잡았을 때, 앞에 차려진 음식이 불충분하거나 간소하더라도 만족하고 미각적 쾌락만을 충족시키려는 욕망이 사라졌을 때, 비로소 당신이 원하는 삶을 향한 첫 두 단계를 완수해 냈고, 진리에 대한 첫 번째 위대한 교훈을 배웠다고 할 수 있다. 비로소 마음속에 자기 자신을 침착하게 통제할 줄 아는 단단한 삶의 기초가 세워진 셈이다.

두 번째 교훈은 부정적인 혀의 에너지 단속에 관한 내용이며, 다섯 단계로 구분된다. **첫 번째 단계는 비방하지 않는 것이다.** 비방은 다른 사람에 대한 나쁜 소문을 꾸며내거나 옮기는 일, 다른 사람이나 지금 앞에 없는 지인의 결점을 폭로하거나 확대해서 말하는 것, 부적절한 암시를 넌지시 건네는 말 등이다. 모든 비방 행위에는 경솔함, 잔인함, 위선, 거짓이 들어 있다. 올바른 삶을 추구하는 사람은 잔혹한 비방의 말이 입 밖으로 나오기 전에 먼저 점검하고, 비방을 불러일으키는 기만적인 생각을 억누르고 제거하려 한다. 그는 누구도 비방하지 않도록 자기 자신을 항상 주시한다. 방금 미소 지으며 인사를 나눴던 친구가 자리를 비었다고 해서 그 친구를 비난하거나 깎아내리는 말은 하지 않는다. 스스로에게도 감히 하지 못할 이야기를 다른 사람에게 하지 마라. 다른 사람의 인격과 명예를 소중하게 여기고, 비방하는 말의 원인이 되는 부정적인 마음 상태가 내면에 머물지 않도록 해야 한다.

다음 단계는 잡담과 무의미한 대화를 하지 않는 것이다. 무의미한 대화란 다른 사람의 사적인 일에 관한 이야기, 단지 시간을 때우기 위한 잡담, 목적이 없거나 부적절한 대화에 참여하는 것 등이다. 너무나 많은 사람에게 이런 무절제한 언어 습관이 자리 잡고 있는데, 이는 자신의 마음을 제대로 통제하지 못해서 일어나는 일이다.

자신이 원하는 삶을 살고자 하는 사람은 자신의 혀를 제어하며, 그리하여 마음을 올바르게 제어하는 방법도 배우게 된다. 무의미한 말만 하며 일상을 보낸다면 헛되고 어리석은 생각만 하는 것과 같다. 그렇게 살면 헛되고 어리석은 일만 일어난다. 의미 있고, 긍정적인 열정이 담긴 말을 하라. 목적 있는 대화를 나눌 요량이 아니라면 침묵을 지켜라.

모욕적이고 불쾌한 말은 그다음 단계로 극복해야 할 부정적인 에너지이다. 다른 사람을 모욕하고 비난하는 사람은 자신이 원하는 삶이 무엇인지조차 알지 못하는 사람이다. 다른 사람에게 험한 말이나 욕설을 하는 행동은 어리석음에 깊이 빠져들어 가는 일이다. 만약 당신에게 다른 사람을 모욕하고 비난하는 성향이 있다면, 자신의 혀를 제어하고 스스로를 되돌아봐야 한다. 긍정적인 에너지로 성공한 삶을 살아가는 사람들은 욕설과 언쟁을 삼가고, 유익하고 필요한 말만 한다.

그다음 단계는 경솔하고 무례한 말을 하지 않는 것이다. 경솔하고 가벼운 대화, 천박한 농담을 여기저기 옮기는 일, 단지 공허한 웃음을 불러일으키려 저속한 이야기를 일삼는 행동, 지나치게 친근하게 굴거나 버릇없이 말하는 일, 다른 사람과 대화하거나 다른 사람에 대해 이야기할 때, 특히 연장자나 스승, 관리자, 상사의 지위에 있는 사람을 두고 얕잡는 호칭이나 별칭을 사용하는 등이 여기에 속한다. 성공의 길을 걷고자 하는 사람이라면 경솔하고 무례한 이 모든 말들을 반드시 제어해야 한다.

무례함이 젊은 사람에게 나타날 때도 불명예스럽지만, 백발의 노인이나 삶의 경험이 많은 사람에게 보일 때는 더 안타깝고 참혹하다. 왜냐하면 그런 모습을 다음 세대들이 보고 배우거나 모방할 수 있기 때문이다. 앞이 보이지 않는 사람들이 서로를 인도한다면 결국 모두가 길을 잃지 않겠는가.

자신이 원하는 삶을 살아가고자 스스로를 자주 돌아보는 사람은 진지하고 공손한 말을 사용한다. 자리를 비운 사람에 대해 이야기할 때는 마치 존경하는 스승에 대해 말하는 듯 존경을 담아 신중하게 생각하고 말한다. 이것이 바로 경솔하고 천박한 일시적인 충동을 만족시키기 위해 자신의 존엄을 희생시키지 않도록 주의하는 태도이다.

마지막 단계는 헐뜯거나 흠잡는 말을 하지 않는 것이다. 이 악덕은 사소한 잘못이나 겉으로 드러난 잘못을 과장하거나 반복해서 계속 말하는 일, 쓸데없이 트집 잡거나 꼬치꼬치 따지는 일, 근거 없는 추측과 믿음, 견해를 바탕으로 의미 없는 논쟁을 벌이는 행동 등을 포함한다. 삶은 찰나이다. 당신의 슬픔과 고통은 트집을 잡거나 논쟁한다고 해결할 수 없다. 다른 사람의 말에 반박하기 위해 늘 신경 쓰고 있는 사람은 여전히 굉장히 낮은 수준의 삶에 머물러 있는 셈이다. 그 모든 에너지를 절약해서 평정심을 유지하고 다른 사람이 아닌 자신의 내면을 보호하는 데 집중해야 성공한 삶이 만들어지지 않겠는가? 이건 평범한 상식을 가진 사람이라면 누구나 알 수 있는 사실이다.

다시 정리하자면 이러하다. 자신의 혀를 현명하게 제어할 때, 이기적인 충동과 무의미한 생각을 표현하려는 순간들을 자제할 수 있게 되었을 때, 악의 없이 온화하고 정중하고 목적이 있는 말을 할 수 있을 때, 진실이 아닌 것을 퍼트리지 않을 때, 비로소 고결한 언어 습관을 위한 다섯 단계가 완성되었다고 할 수 있다. 그렇게 된다면 진리에 대한 위대한 두 번째 교훈을 통달한 것이다. 이는 더 이상 자기 혀가 불러오는 부정적인 에너지에 휘둘리지 않을 수 있다는 의미이다.

누군가는 이렇게 반문할 수도 있다.

"하지만 왜 그렇게까지 해야 합니까? 고생스럽게 수고하거나 끊임없이 노력하거나 주의를 기울이지 않고도 자기가 원하는 삶을 실현하고 성공할 수 있지 않나요?"

아니, 그럴 수 없다. 물질세계와 마찬가지로 정신세계에서도 노력 없이는 아무것도 얻을 수 없다. 또한 더 낮은 단계를 완성하지 않으면 더 높은 단계를 이해할 수 없다. 공구를 다루는 법과 못 박는 법을 배우기도 전에 식탁을 만들 수 있겠는가? 몸이 부정적 에너지의 노예 상태도 극복하지 못했는데, 마음을 더 높은 가치에 부합하게 조정할 수 있겠는가? 자음과 모음, 가장 간단한 단어들을 익히기 전에 언어의 복잡 미묘함을 이해하거나 언어를 능숙하게 사용할 수 없듯, 올바른 행위 하나하나를 습득하기 전까지는 마음의 심오함과 미묘함을 이해할 수 없다.

최상의 탁월함을 누리기 위해서는 당연히 이 같은 수고로움이 필요하다.

"당신이 알려주는 길은 너무 어렵습니다. 나는 노력 없이 진리를 깨닫고, 수고 없이 성공을 얻어야겠습니다."

누군가 이렇게 말한다면 그는 절대로, 혼란과 고통에서 벗어나는 길을 찾지 못할 것이다. 침착하고 굳건한 마음으로, 현명하고 질서 정연하게 원하는 삶의 길 위를 걷는 그 기분을 결코 느낄 수 없을 것이다.

자신의 힘든 상황이 단지 부정적인 마음 상태가 그대로 밖으로 표현되었을 뿐이라는 사실을 완전히 이해하면, 이러한 기초 연습의 필요성을 더욱 분명하게 인식하게 될 것이다. 즉 **나태한 몸은 나태한 마음을 가지고 있다는 의미이다. 제어되지 않은 혀는 제어되지 않는 마음을 가지고 있다는 의미이다. 그러므로 외부로 드러난 상태를 바로잡는 과정은 실제로 당신의 내면 상태를 바로잡는 방법이기도 하다.**

부정적인 에너지에 기반해 생각하고 행동하기를 멈추는 자체만으로도 긍정적 에너지와 밀접하게 연결된다. 따라서 그릇된 행동을 멈추면 자연스럽게 올바른 행동을 하게 된다. 나태와 방종을 극복하기 위한 노력은 실제로 더 높은 목표를 성공적으로 달성하는 데 필요한 힘과 에너지와 결단력을 길러준다.

  혀의 부정적인 에너지를 극복하면, 정신적 안정과 확고한 목표라는 결과를 얻게 된다. 이러한 것들이 순차적으로 진행된다는 사실을 잘 이해해야 한다. 정신적 안정과 확고한 목표 같은 것이 도대체 왜 중요한가? 그것이 없다면 심오하고 미묘한 당신의 마음을 통제할 수 없기 때문이다. 통제하지 못하면 더 높은 차원의 행동과 깨달음에 도달할 수 없다. 반면에 올바르게 행동할수록 현명함은 깊어지고 통찰력은 강화된다. 마치 어린아이가 학교에서 내준 숙제를 끝마치고 나면 느끼는 기쁨과 같다고 할 수 있다.

원하는 삶을 위해 긍정적 에너지를 키우는 법

 이제 자신이 원하는 삶, 즉 성공을 위한 세 번째 교훈을 살펴볼 차례이다. 세 번째 교훈은 세 가지 위대한 기본 원칙, 즉 **(1) 사심 없는 의무 수행, (2) 확고한 정직함, (3) 무한한 용서**를 일상생활에서 실천해서 익숙하게 만들기이다. 이 단계는 앞선 두 가지 교훈에서 언급했던 피상적이고 혼란스러운 상태를 극복해서 '마음이 준비된 상태'에서 출발한다. 이제야 더 크고 높은 가치에 도전할 수 있는 단계에 도달한 것이다.

 먼저 **자신이 마땅히 해야 할 것, 즉 의무를 올바르게 수행하는 것이다.** 그러지 않으면 그다음 단계에 무엇이 있는지 절대로 깨달을 수 없다. 사람들은 흔히 의무를 성가신 노동, 즉 고생하며 꾸역꾸

역 완수하거나 어떤 식으로든 회피해야 하는 일로 여긴다. 의무에 관한 이러한 생각은 이기적인 마음 상태와 삶에 대한 잘못된 이해에서 비롯된다. 의무가 성가시게 느껴져 짜증이 난다면 스스로를 돌아보라. 그러면 자신의 짜증이 의무 자체에서 비롯된 것이 아니라 의무를 다하지 않고도 대가를 얻어내길 바라는 이기적인 욕망에서 비롯되었다는 사실을 깨닫게 될 것이다.

그런 마음은 타인의 재물을 약탈하는 도적의 내면 상태와 다를 바 없다. 의무가 크든 작든, 공적이든 사적이든, 어떤 의무든지 소홀히 하는 사람은 긍정적인 에너지를 밀어내는 것과 같다. 의무에 대한 반감을 품은 사람은 자신의 성공에도 반감을 품는 셈이다. 의무 수행을 좋아하게 될 때, 각각의 모든 의무를 충실하게 수행할 때, 마음속 미묘한 이기심들이 제거되고 성공을 향한 위대한 발걸음을 내딛을 수 있다.

두 번째는 **확고한 정직함을 실천하는 것이다.** 모든 부정직함, 기만, 속임수, 악의에 기반한 거짓말은 영원히 몰아내야 한다. 터무니없는 말이나 과장된 말을 해서는 안 된다. 대신 '단순한 진실'만을 말하는 연습을 해보라. 마찬가지로 허영심이나 사사로운 이익을 위해 속임수를 쓰는 일 역시 아무리 사소해 보이더라도 반드시 없애야 할 망상의 상태이다.

마지막은 **무한한 용서의 실천이다.** 이 단계는 상처받았다는 느낌을 극복하는 것, 모든 사람에게 '공평한 너그러움'을 실천하는 내용으로 구성된다. 악의, 보복, 복수는 너무나도 비열하고 옹졸하며 어리석기에 마음에 품을 가치도 없고, 주목할 만한 그 어떤 부분도 전혀 없다. 그런 감정을 마음속에 품고 있는 사람이라면 절대로, 영원히 어리석음과 고통에서 벗어날 수 없으며 제대로 된 삶을 살 수 없다. 그런 감정을 버리고 그런 감정에 동요하는 행동을 멈춰야만 '자신의 삶'을 살 수 있다. 용서와 자비의 마음을 갖는 일은 어렵기에 말 그대로 '계발'해야 한다. 그렇게 한다면 당신은 소위 잘 정돈된 삶의 힘과 아름다움에 도달할 수 있을 것이다. 이런 사람의 마음속에는 상처받았다는 느낌이 잘 생기지 않는다.

왜일까? 그 사람의 내면에는 보복에 관한 생각과 감정이 없고, 그러므로 자연스럽게 적도 없기 때문이다. 혹여나 누군가 그의 적이 되더라도 그는 그들의 무지를 이해하고 감안하여 그들에게 친절하게 대할 수 있다. 바로 이러한 마음 상태에 도달했다면, 당신은 부정적 에너지이자 정신의 발전에 막대한 방해물로 작용하는 '그릇된 정신 상태'를 극복하고 통달했다고 말할 수 있다.

건강과 성공은
정신이 결정한다

대부분 육체의 상태는 정신 상태에 따라 결정된다. 과학계도 이 사실을 빠르게 주목하기 시작했다. 인간의 정신 현상을 육체의 산물로 여기던 과거 유물론적 관념은 급속도로 사라지고 있다. 대신에 인간의 정신은 육체보다 우월하므로 육체는 생각의 힘에 영향을 받는다는 믿음이 그 자리를 대체하고 있다. **사람들은 드디어 아파서 절망하기보다는 절망하기 때문에 아프다고 이해하기 시작했다. 모든 질병이 마음에서 비롯된다는 사실은 머지않아 일반적인 상식이 될 것이다.**

전해지는 이야기에 따르면, 고대 인도에는 철저하게 순수하고 단순한 삶을 추구하며 살아가던 철학자들의 공동체가 있었다고

한다. 그들은 보통 150세까지 살았으며 질병을 자연의 법칙을 거스른 증거로 간주했기 때문에 질병에 걸리는 자체를 치욕으로 여겼다.

다만 질병은 분노한 신이 내린 형벌이나 자연의 법칙을 위배한 대가가 아니다. 부정적인 생각들을 스스로 많이 만들어낸 결과이다. 이 사실을 빨리 깨닫고 인정할수록 건강해지는 길로 더욱 쉽게 들어설 수 있다. 질병을 끌어당기는 사람에게 질병은 찾아간다. 어떻게 끌어당긴다는 말인가?

자신의 건강에 대해 끊임없이 걱정하는 일이 그것이다. 건강에 대한 끝없는 염려는 질병을 강하게 끌어당긴다. 또한 질병을 잘 받아들이는 정신과 육체를 가진 사람에게도 질병이 찾아간다. 자기 스스로 '나는 원래 자주 아프다'거나 '우리 집안은 대대로 이 부분이 안 좋다'는 생각이 당연하게 자리 잡은 사람이 바로 질병을 잘 받아들이는 정신과 육체를 가진 사람이다. 이와 달리 강한 열망의 에너지로 가득 차 있고, 긍정적인 생각으로 치유와 생기를 주는 사람에게는 질병이 쉽게 찾아오지 못한다.

당신이 분노, 걱정, 질투 등 조화롭지 않은 마음 상태에 놓여 있으면서 완벽한 육체적 건강을 기대한다면 불가능한 일을 기대하는 중이다. 왜냐하면 당신은 계속해서 질병의 씨앗을 마음속에 뿌리고 있기 때문이다. 현명한 사람은 조화롭지 않은 마음 상태를 멀리하고자 노력한다. **부정적인 마음 상태가 썩은 배수관이나 병균**

으로 오염된 집보다 훨씬 위험하다는 사실을 알기 때문이다.

　모든 육체적 아픔과 고통에서 벗어나 완벽한 건강 상태를 누리고 싶다면, 마음을 정돈하고 생각들이 조화를 이루어야 한다. 어떻게 하면 될까? 기쁨과 감사에 대한 생각을 의도적으로, 일부러 **계속하라. 긍정이라는 만병통치약이 당신의 혈관을 타고 흐르게 하라.** 그러면 다른 약은 필요하지 않을 것이다. 질투와 의심, 걱정, 증오, 방종을 버려라. 그러면 소화기 질환이나 과민성 질환, 신경증, 관절통 등의 증상이 개선될 것이다. 마음을 쇠약하게 하고 타락하게 하는 습관을 계속 고집하려거든, 병에 걸려 누워 있게 되더라도 불평하지 마라. 다음의 이야기는 '마음의 습관'과 '육체의 건강' 사이에 밀접한 관계를 잘 설명해 준다.

　고통스러운 질병으로 고통받던 한 남자가 있었다. 그는 방방곡곡 자신을 치료해 줄 의사를 찾아다녀 보았으나 별 소용이 없었다. 병을 낫게 해준다는 유명한 온천 마을들을 찾아다니며 목욕도 해보았지만 오히려 병이 더 깊어질 뿐이었다. 그러던 어느 날 밤, 꿈에 어떤 존재가 나타나 말했다.

　　"그대는 모든 치료법을 다 시도해 보았는가?"
　　"네, 전부 다 해봤습니다."
　　그러자 그 존재는 그에게 말했다.
　　"당신이 아직 알지 못하는 치유의 온천을

보여줄 테니 따라오너라."
고통받던 남자가 뒤따르자 그 존재는
그를 깨끗한 연못으로 인도한 후
"이 연못에 당신의 몸을 담그면 깨끗하게 나을 것이다."
라는 말만 남기고 사라졌다.

　남자가 그 연못에 들어갔다가 밖으로 나오자, 놀랍게도 병이 깨끗하게 나았다. 그때 연못 위쪽에 '포기하라'는 문장이 쓰여 있는 표시판이 보였다.
　잠에서 깨어난 뒤, 그 꿈의 온전한 의미가 그의 머릿속을 스쳐 지나갔다. 스스로를 돌아보니 지금껏 자신은 실속 없이 겉만 화려하게 제멋대로, 즉 방종한 삶을 살아왔다는 사실을 깨달았다. 그 후로 그는 영원히 방종한 생활을 포기하겠다고 결심했디. 그는 자신이 한 결심을 무슨 일이 있어도 지켰으며, 그날 이후 그의 고통은 점차 사라지기 시작했고, 얼마 지나지 않아 건강을 회복하게 되었다.
　진정한 건강과 성공은 언제나 함께 움직인다. 건강과 성공은 생각의 영역에서 이미 서로 분리될 수 없게 얽혀 있기 때문이다. 정신의 조화는 육체의 건강을 만든다. 또 자신이 계획한 것들을 하나 둘 실현하게 하고, 훗날 조화로운 결과가 나타날 수밖에 없도록 뒷받침해 준다.

에너지를 낭비하는
불필요함을 멈춰라

당신의 생각을 정돈하라. 그러면 당신의 삶도 정돈될 것이다. 걱정과 편견으로 요동치는 당신 내면의 바다를 잔잔하게 만들어라. 그러면 당신의 영혼이라는 배가 삶의 바다를 헤치며 성공이라는 목적지로 나아갈 때, 불행의 폭풍이 아무리 위협적으로 몰아쳐도 당신의 배를 파괴하지 못할 것이다.

또한 마음에서 우러난 변하지 않는 믿음으로 배를 조종한다면 진즉에 들이닥쳤을 많은 위험 또한 그냥 스쳐 지나가게 될 것이며, 당신의 여정은 시간이 갈수록 점점 더 안전해질 것이다.

모든 위대한 업적은 결국 '믿음의 힘'을 통해 이루어진다. 무언가를 성취하고 싶다면 우주를 지배하는 절대 법칙에 대한 믿음과 자기 자신과 자신이 하는 일에 대한 믿음, 그리고 그 일을 성취할 능력에 대한 믿음을 반드시 맨 아래에 단단히 두어야 한다. 당신이 그 어떤 상황에 놓여 있더라도 당신 내면에서 가장 원하는 것을 찾고, 그것을 하라. 그것은 가장 고귀한 충동이다. 당신 내면의 목소리를 절대로 무시하지 말고, 담대하고 평온한 마음으로 목적을 추구하며, 당신의 모든 생각과 노력에 대한 보상이 생각보다 거대할 거라고 믿는다면 성공하는 삶을 살 수 있다.

당신에게 한 가지 당부하고 싶다. 다른 무엇보다 값을 매길 수 없을 정도로 귀중한 이 담대한 믿음을 얻기 위해 노력하라. 바로 이 믿음이 행복과 성공, 그리고 인생을 단순히 '고생스러운 삶' 이상으로 위대하게 만들어주는 모든 힘의 부적이다. 그 부적의 이름을 '신념'이라고 하자. 신념을 당신 삶의 토대로 삼아라. 그러면 당신이 건축할 삶의 구조물은 절대로 무너지지 않을 것이다.

신념을 지니면 성공과 실패를 걱정할 필요 자체가 없어진다. 성공이 알아서 당신을 찾아오기 때문이다. 절대 법칙에 따라 올바른 생각과 올바른 노력은 반드시 올바른 결과를 가져오기 마련이다.

나는 더없이 행복해하며 큰 만족을 누리며 살아가는 한 여성을 알고 있다. 최근에 한 동료가 그녀에게 이렇게 말했다. "와, 당신은 정말 운이 좋군요! 뭐든지 바라기만 하면 다 이뤄지니까요."

사실 표면적으로는 그렇게 보였다. 그러나 실상은 달랐다. 마치 축복과도 같이 이 여성의 삶에 찾아온 모든 결과들은 그녀가 평생에 걸쳐 자신이 원하는 삶을 살기 위해 정신적으로 끊임없이 노력한 직접적인 결과였다. 단지 바라기만 해서는 실망을 불러올 뿐이다. 실제 삶에서 노력해야 효과가 나타난다. **어리석은 사람은 바라기만 하고 불평하지만, 지혜로운 사람은 노력하면서 기다린다.** 이 여성은 내적으로나 외적으로 열심히 노력했다.

이 원리는 그녀와 마찬가지로 당신에게 동일하게 적용된다. 긍정적인 에너지가 담긴 당신의 생각은 '영향력'을 밖으로 내보낸다. 그래서 당신의 성공과 실패, 삶 전체는 언제나 당신의 생각대로 된다. 당신이 인생에 대부분의 시간을 할애하고 있는 지배적인 그 생각이 바로 당신의 운명을 결정하는 요소로 작용하기 때문이다. 즉, 당신의 운명은 절대적으로 당신이 만들어낸다. 당신은 매 순간 자신의 운명을 좌우할 영향력을 외부로 내보내고 있다.

관대하고 이타적인 마음을 키워라. 어렵더라도 그렇게 해보려고 연습하고 노력해야 한다. 그렇게 한다고 해서 바로 내일 당신에게 돈이 생기진 않겠지만, 당신의 영향력과 성공은 보이지 않는 곳에서 커지게 되어 있다. 그러나 이기적이고 부정적인 생각들로 당신의 마음을 채운다면, 백만장자가 되더라도 당신의 영향력과 모든 부는 마지막 순간에 당신을 완전히 초라하게 만들어버릴 것이다.

그러니 열정을 지니되 이타적인 정신을 기르고, 당신 삶의 목표에 신념을 결합하라. 그러면 넘치는 건강, 지속적인 성공뿐만 아니라 위대함과 진정한 힘의 요소까지 당신 내면에서 끌어낼 수 있다.

현재 상황이 못마땅하고 하는 일이 마음에 들지 않더라도, 당신이 맡은 일을 그저 묵묵히 수행하라. 더 나은 자리와 더 좋은 기회가 당신을 기다리고 있다고 생각하면서 새롭게 생겨나는 가능성을 적극적으로 예측하고 전망하는 태도를 유지하라. 그래야 새로운 길이 보이는 결정적인 순간이 찾아왔을 때, 그 일을 하기에 충분히 준비된 마음과 지혜, 통찰력을 통해 그 길로 들어설 수 있다.

만약 당신이 압도적인 성공을 원한다면, 평정심과 침착함을 길러야 한다. 반드시 홀로 설 수 있어야 한다. 그 누구도 당신 대신 세상 앞에 서 주지 않는다. 모든 힘은 움직이지 않고 변화하지 않는 성질인 부동성과 관련이 있다. 거대한 산과 묵직한 바위, 폭풍우를 견뎌낸 참나무 등은 고독한 웅장함과 불변성을 지니고 있기에 우리가 진정한 힘의 의미에 대해 생각할 수 있게 해준다. 반면에 흩날리는 모래와 휘어지는 나뭇가지, 흔들리는 갈대 등은 움직이기 쉽고 저항력이 없으며 무리에서 떨어져 나오면 쓸모가 없어지기 때문에 나약함의 의미를 떠올리게 한다.

당신은 강해지길 원할 것이다. 강해지기 위해서는 진정한 힘을 지니고 있어야만 한다. 그렇다면 진정한 힘을 지니면 어떤 상태가 되는가? 당신이 내면의 진정한 힘을 지녔다면 주변에 모든 사람이 어떤 감정이나 격정으로 동요할 때, 당신은 침착함을 유지하고 흔들리지 않게 된다.

자기 자신을 다스리고 통제하는 데 성공한 사람만이 다른 사람을 지휘하고 통제할 자격이 있다. 지나치게 감정적인 사람이나 걱정이 많은 사람, 경솔한 사람, 경박한 사람은 부디 좋은 친구를 사귀도록 하라. 그러지 않으면 의지할 곳이 없어 쓰러지고 말 것이다. 반면에 **평온한 사람, 대담한 사람, 사려 깊은 사람은 숲과 사막, 산꼭대기에서 고독을 추구하라.** 그렇게 하면 이미 가진 힘에 더 많은 힘이 더해질 것이고, 사람의 영혼을 잠식하는 정신적 동요와 혼란을 성공적으로 막아내게 될 것이다.

'격정적'이라는 표현을 들으면 열정과 힘이 있는 강인한 사람의 이미지를 곧잘 떠올린다. 그러나 격정은 힘이 아니라 힘의 남용이요, 분산이다. 격정이 바위에 맹렬하게 휘몰아치는 바람과 같다면, 힘은 모든 풍파를 겪으면서도 흔들리지 않는 바위와 같다.

종교 개혁가 마틴 루터(Martin Luther)가 최후의 변론을 위해 보름스(Worms)에 가려 하자, 그의 안전을 염려하는 친구들의 설득이 이어졌다. 친구들의 만류에 지친 루터는 말했다.

"저 지붕 위에 놓인 기와만큼이나 많은 악마가 보름스에 있다고 해도 나는 보름스에 갈 것이다."

마틴 루터는 이 말을 통해 그가 가진 진정한 힘을 명백히 드러냈다. 또한 벤저민 디즈레일리(Benjamin Disraeli)가 첫 의회 연설을 망치자 의원들은 그에게 비웃음과 조롱을 쏟아냈다. 디즈레일리는 그들을 향해 이렇게 외치며 이제 막 싹을 틔우기 시작한 힘이 무엇인지 보여줬다.

"언젠가 당신들은 내 연설을 듣는 것을 영광으로 여기게 될 겁니다."

내가 아는 한 청년은 계속되는 실패와 불행을 겪고 있었다. 그는 친구들에게 조롱받으며 무의미한 노력을 멈추라는 말을 들었을 때 이렇게 답했다.

"너희들이 내 성공에 놀라게 될 날이 얼마 남지 않았어."

그는 이 짧은 대답을 통해 자신이 수많은 어려움을 이겨내고 인생을 성공으로 장식할 수 있는 고요하면서도 압도적인 힘을 지니고 있다는 사실을 보여주었다.

설령 그러한 힘을 지니고 있지 않더라도, 반복적인 연습을 통해 그러한 힘을 얻을 수 있다. 그리고 힘을 갖기 시작했다면 그것은 지혜를 갖기 시작한 것이기도 하다. 지금까지 무의미하고 하찮은 일들에 휘둘려온 과거를 청산하는 일부터 시작하라. **자제력 없는 떠들썩한 웃음, 다른 사람에 대한 비방이나 쓸데없는 잡담, 웃음을**

자아내기 위한 무의미한 농담처럼 귀중한 에너지를 낭비하게 하는 모든 행동을 멈춰야 한다.

부적절한 언행이 습관화되면, 정신적인 힘과 자신의 삶이 모두 파괴되기 때문이다. 그런 정신적 낭비를 막는 데 성공하게 되면 당신은 비로소 진정한 힘이 무엇인지 이해하기 시작할 것이다. 이제껏 자신의 영혼을 속박함으로써 진정한 힘으로 가는 길을 가로막는 부정적인 것들과 맞서 싸워왔다면 당신은 한층 더 발전할 수 있다.

무엇보다 단 하나의 목표를 세워라. 당신이 진정 원하는 삶을 살기 위한 한 목표 말이다. 그리고 그 목표를 이루는 데 전념하라. 딴 길로 새지 않도록 주의하라. 나이와 관계없이 배우려고 노력하라. 그러나 되도록 다른 사람에게 의존하지 마라. 당신이 지금 하는 일, 앞으로 해야 할 일을 철저하게 이해하고 완전히 자신의 것으로 만들어라.

당신 내면의 소리를 따르며 앞으로 나아가다 보면 계속해서 작은 성공을 거두게 되고, 그렇게 한걸음씩 더 높은 차원으로 올라가게 될 것이다. 그러면 당신의 시야는 계속 더 넓어지기에 본질적인 삶의 목적이 점차 당신 앞에 모습을 드러내게 된다. 부정적인 것들로부터 내면을 정화하라. 그러면 건강해질 것이다. 신념을 지켜라. 그러면 성공할 것이다. 자신을 통제하라. 그러면 진정한 힘이 생기고 하는 일마다 번성할 것이다.

모든 길이 내가 발걸음을 옮겨주기를 기다린다.
밝은 길과 어두운 길, 생기 넘치는 길과 적막한 길,
넓은 길과 좁은 길, 높은 길과 낮은 길,
좋은 길과 나쁜 길이.
나는 빠른 걸음이나 느린 걸음으로
지금 원하는 대로 어떤 길이든 들어설 수 있다.
그리고 직접 걸어봄으로써
어떤 길이 좋은 길이고
나쁜 길인지 깨닫게 된다.

긍정적인 습관이
위대한 결과를 만든다

 현재 당신의 내면에 확립되어 있는 모든 정신 상태는 후천적으로 만들어진 습관의 결과이다. 어떠한 생각을 끊임없이 반복함으로써 당신의 정신이 형성되었다는 뜻이다. 의기소침함과 쾌활함, 분노와 차분함, 탐욕과 관대함 등 모든 정신 상태는 그것을 반복적으로 선택했기 때문에 형성된 습관이며, 마침내 무의식적으로 발현되는 경지가 된 것이다. **끊임없이 특정 생각을 반복하면, 결국 정신적 습관으로 굳어지고 그 습관의 영향을 받아 '당신이라는 사람'과 '당신의 삶'이 만들어진다.**

 인간의 정신은 경험을 반복함으로써 지식을 얻는다. 처음에는 머릿속으로 떠올리기조차 매우 힘들었던 생각도 계속 그 생각에 머무르다 보면 결국 자연스럽고 습관적으로 할 수 있는 상태가 된다. 마치 어린아이가 처음에 무언가를 배우기 시작할 때는 도구를 제대로 다루지도 못하고 올바르게 사용하지도 못하지만, 오랜 시간 계속 반복하다 보면 어느새 아주 능숙하게 사용하게 되는 것처럼 말이다. 처음에는 분명히 실현 불가능해 보이던 정신 상태도 인내와 연습을 통해 결국 무의식적으로 발현되는 자연스러운 상태가 될 수 있다.

긍정적인 생각 습관과 정신 상태를 만들게 되면 진정한 정신의 힘을 갖추게 된다. 여기에는 당신이 원하는 삶에 도달하는 근본 원리가 들어 있기에, 완전한 자유에 도달할 수 있는 열린 문이 존재하는 셈이다. 인간은 본래 해로운 습관을 만드는 힘을 가지고 있지만, 본질적으로 유익한 습관을 만드는 힘도 가지고 있다. 이 부분은 약간의 설명이 필요하며, 독자들이 진지하게 생각해 볼 내용이 담겨 있다.

사람들은 옳은 일보다는 그릇된 일이 더 하기 쉽고, 고결한 삶보다는 방종 혹은 방탕하게 사는 삶이 더 쉽다고들 말한다. 이 말을 거의 보편적인 이치처럼 받아들이는 것 같다. 석가모니 같은 위대한 스승조차 '나쁜 행위와 자신에게 해로운 행위는 실천하기 쉽지만, 유익하고 좋은 행위는 실천하기가 매우 어렵다.'라고 하지 않았던가. 그러나 **이것은 사람이 성장하는 과정에서 겪는 어느 단계에서만 사실일 뿐, 결코 불변하는 상태이거나 보편적 이치가 아니**

다. 옳은 일보다 그릇된 일을 행하는 편이 쉬운 이유는 무지가 만연하기 때문인데, 이는 삶의 본질과 의미를 제대로 파악하지 못한 결과이다.

아이는 글씨 쓰는 방법을 배울 때 펜을 잘못 잡거나 글자를 틀리게 쓰기 쉽지, 펜을 제대로 잡고 올바르게 글자를 쓰기가 매우 어렵다. 이는 아이가 글씨 쓰는 기술에 대해 무지하기 때문이며 계속 연습해야만 이러한 무지를 없앨 수 있다. 나중에는 펜을 올바르게 잡고 글씨를 정확하게 쓰는 것이 자연스럽고 쉽고, 오히려 처음에 했던 잘못된 방법이 더 불편하고 어렵게 느껴지게 된다. 이러한 원리는 정신과 삶의 중요한 부분들에서도 동일하게 적용된다. 올바르게 생각하고 행동하려면 지속적으로 연습해야 한다.

올바른 생각과 행동을 연습해서 습관이 되면 그 편이 더 쉽고, 그릇된 생각과 행동이 오히려 더 불편하고 어렵게 느껴지는 시기가 온다. **습관은 당신 생각의 결과물이며 그 습관이 당신이라는 사람의 정신을 만들고, 그 정신이 당신의 삶을 만든다.** 너무 많은 이가 이 과정을 생략하고 그저 부를 원한다. 그것은 마치 어린아이가 태어나 처음 펜을 잡고서 책 한 권을 써 내려가길 기대하는 일과 똑같다.

기술자가 연습을 통해 기술에 능숙해지는 것처럼, 사람도 연습을 통해 원하는 것을 성취할 수 있다. 이는 전적으로 '새로운 생각의 습관'을 형성할 수 있는가에 달려 있다.

그릇된 일을 하거나 그저 별다른 생각 없이 아무 일이나 하기는 쉽고 자연스럽다. 왜냐하면 대개 사람들은 끊임없는 반복을 통해 이미 해롭고 무지한 사고 습관을 형성해 왔기 때문이다. 도둑에게 도둑질을 할 기회가 생기면 이것을 참아내기란 매우 어려운 일일 테다. 도둑은 너무 오랫동안 남의 물건을 탐하는 생각을 하면서 살아왔기 때문이다. 그러나 정직한 사람에게 도둑질을 참는 일은 전혀 어렵지 않다. 오랫동안 올바른 생각을 하며 살아오면서 도둑질이 그릇되고 어리석은 행동이라는 사실을 깨달았기 때문이다. 그의 마음속은 도둑질에 관한 생각이 조금도 들어올 수 없는 상태가 되었다.

습관의 힘과 그 형성 과정을 명확하게 설명하기 위해 도둑질이라는 매우 극단적인 비유를 들었지만, 모든 위대한 결과와 최악의 결과는 바로 이 습관의 결과물이다. 분노와 성급함 역시 많은 사람에게 쉽고 자연스럽게 나타난다. 사람들은 쉽게 분노를 표출하며 성급한 생각과 행동을 끊임없이 반복하고 있다. 그러한 생각과 행동을 반복할 때마다 그 습관은 마음속에 더욱 견고하게 자리 잡고 깊게 뿌리내린다.

성공을 위한 열정과 인내도 동일한 방식으로 습관화할 수 있다. 처음에는 노력을 통해 긍정적인 생각을 계속 떠올려라. 그런 다음 긍정적으로 생각하는 자체가 '제2의 천성'이 되어 분노와 조급함이 영원히 사라질 때까지 계속해서 평온과 인내를 생각하고 실천하라. 이렇게 하면 모든 그릇된 생각을 정신에서 몰아낼 수 있고, 모든 잘못된 행동을 없앨 수 있으며, 모든 부정적인 것들을 극복할 수 있다.

내면을 통제하고 다스려라, 걱정이 곧 열정이 된다

　사람의 내면에는 온갖 부정적인 감정이 솟아오르기 마련이다. 때로 사람은 느닷없이 주체할 수 없을 정도로 격앙되어 동물적인 힘에 지배당해서 돌이킬 수 없는 행동을 하기도 한다. 이런 동물적인 힘은 인간의 고귀한 본성과 위엄, 명예를 잃게 한다. 그러나 동일한 이 힘을 잘 통제하고 길들여서 올바른 방향으로 향하게 하면, 자신이 원하는 삶을 향해 걸어갈 때 막강한 힘으로 사용할 수 있다.

　당신 내면에 사는 추악하고 무도한 동물이 당신에게 복종하도록 훈련시켜라. 자기 마음과 정신, 자기 자신의 주인이 되어라. 내면의 열등한 존재를 지배하지 못하고 그 열등한 존재에게 통제권을 넘겨주면 당신의 삶은 나약해지고 비참해질 뿐이다. 걱정은 당신의 주인이 아니라 하인이자 노예여야 한다. 걱정이 본래의 자리를 지키게 하고, 걱정을 통제하고 다스려라. 그러면 걱정은 열정이 되어 당신을 충실하게 도울 것이다.

당신은 '사악한' 존재가 아니다. 당신의 육체와 정신 그 어디에도 사악한 부분은 없다. 자연은 실수하지 않는다. 우주는 진리에 기초한다. 당신이 지닌 모든 기능과 능력, 힘은 본질적으로 선하다. 이를 올바른 방향으로 이끄는 것이 현명함이며, 이를 잘못된 방향으로 이끄는 것이 바로 어리석음이자 불행이다.

사람들은 부정적인 기질과 증오, 식탐, 부적절한 쾌락에 빠져 자신의 에너지를 완전히 낭비한 후에 자신의 인생과 불운을 탓한다. 그러나 그들이 정말 탓해야 할 대상은 자기 자신이다.

사람은 자기 본연의 힘을 남용하기보다 어떤 식으로든 자기 자신을 존중하는 데 사용해야 한다. 과도하게 흥분하거나 지나치게 서두르지 않아야 한다는 말이다.

침착하고 신중하며 다른 사람의 마음을 상하게 하지 않는 기품은 외적 성공과 내적 성숙을 갖춘 사람들의 중요한 특징이다. 다른 사람을 존경하고 스스로를 존중하라. 나아갈 길을 스스로 선택하고 그 길을 흔들림 없이 단호하게 걸어가되, 다른 사람에게 간섭하지 마라. 성숙한 인격을 지닌 사람의 내면에는 완전히 상반된 특성이 조화를 이루는데, 그것은 바로 양보하는 친절함과 굽히지 않는 견고함이다. 그런 사람은 확고한 자신만의 원칙을 희생하지 않으면서도 부드럽고 현명하게 자신을 다른 사람에게 맞춘다.

당신의 양심이 이끄는 대로 충실하게 반응하라. 그들이 설령 당신과 반대되는 방향에 서 있더라도 존중하라. 다른 사람이 자신과 반대되는 의견이나 종교를 선택했다는 이유로 그를 불쌍히 여긴다면 그런 성향은 고결하지 못하다. 왜 그 사람을 불쌍히 여기는가? 그가 당신과 다른 의견이나 신념을 가지고 있기 때문인가? 그러한 동정심을 품는 자체는 그 사람을 모욕하는 짓이다.

나약한 사람과 고통받는 사람, 곤경에 처한 사람을 가엽게 여기는 마음이 진정한 의미의 동정심이다. 동정심은 결코 "나는 당신을 불쌍히 여기고 있어요."라고 말하지 않는다. 오직 친절한 행동으로만 동정심이 표출된다. 강인하고 독립적이며, 자신의 길을 개척하고 담대하게 걸어가는 용기 있는 사람을 불쌍히 여기는 마음은 당신의 오만이다. 왜 그 사람이 당신의 의견을 억지로 받아들여야 하는가? 당신이 하는 말과 행동이 자기 이상과 양심에 비추어 옳다고 여긴다면, 그는 당신과 같은 의견을 가지고 기꺼이 협력할 것이다.

당신의 일과 그 사람의 일이 다르더라도, 그는 당신과 대등하게 존중받아야 할 존재이다. 당신과 방향이 다르더라도 그 사람에게는 그가 가야 할 방향이 있다. 자기 자신을 존중하며 독립적으로 자신이 원하는 삶을 향해 나아가는 사람을 만난다면, 나는 한 개인으로서 그를 존중할 것이며, 그가 내 의견을 거절했다는 이유로 그를 모욕하는 동정심은 절대로 품지 않을 것이다.

절대 인과법칙으로 움직이는 우주에서 책임감 있고 자율적인 존재가 되고 싶다면, 자기 의지의 주인이 됨과 동시에 다른 사람의 자유의지를 존중하라. 강하고 고결한 존재가 되고 싶다면 관대하고 너그러워져라. 삶의 불행에 맞서 승리하고 싶다면 옹졸한 인간의 본성을 초월하라.

많은 사람이 위선인 줄 자각하지 못한 채, 생각 없이 사소한 배신을 저지른다. 결국 행복의 토대는 무너지고 인격의 기틀이 파괴된다. 이들 중 일부는 각자의 종교에 의지하며 순수한 마음과 순수한 삶을 기도로써 구하기도 한다. 그러나 기도를 마치고서 얼마 지나지 않아 적을 비방하거나, 심지어 자신의 가족, 친구, 동료의 험담을 뒤에서 한다.

안타깝게도 이때 이들은 자신이 행하고 있는 작은 배신을 전혀 의식하지 못한다. 그러고는 친구들이 자신을 떠나가면 세상과 사람들이 신의가 없어서 자신에게 공허함을 안겨줬다고 불평하고, 이 세상에 믿을 사람은 아무도 없다며 애처롭게 말한다.

실제로 그런 사람들에게는 영원한 우정이 생길 수 없다. 성실하지 못함은 설령 눈에 보이지 않더라도 느껴지기 때문이다. 신뢰를 주지 못하거나 성실하지 않은 사람은 다른 사람이 주는 신뢰와 신실함을 받지 못하며, 받을 자격도 없다. 다른 사람을 진실하고 성실하게 대하라. 그러면 다른 사람들도 당신을 진실하고 성실하게 대할 것이다. 타인에 대해 호의적으로 생각하고 자리에 없는 친구를 옹호하라. 만약 당신이 인간 본성에 대한 믿음을 잃어버린 것 같다면, 스스로를 돌아보고 잘못된 부분을 발견하라.

신실함은 유교 도덕률에서 말하는 '5대 미덕' 중 하나이다. 공자는 신실함에 대해 다음과 같이 말했다.

'신실함이 없으면 자신을 존중할 수 없다. 그러므로 도덕군자는 혼자 있는 시간에도 반드시 스스로를 경계해야 한다.'

'소인은 한가한 시간을 남몰래 악행하는 데 사용하며, 그의 사악함에는 한계가 없다. 그들은 순수한 사람들과 함께 있을 때 위선적인 행동을 하며 자신의 좋은 자질만을 드러낸다. 그러나 만약 꿰뚫어보는 시선으로 그의 진짜 인격을 들추어낸다면 이토록 위선적인 언행이 그에게 무슨 소용이 있겠는가?'

'많은 손이 가리키고 많은 눈이 바라보는 곳에는 엄격한 감시가 이루어진다고들 말한다. 그러므로 고결한 사람은 혼자 있는 시간에 더 철저하게 스스로를 경계해야 한다.'

신실한 사람은 세상에 드러났을 때 후회할 만한 언행을 하지 않는다. 그는 강직한 정신을 지녔기에 사람들 사이에서도 꼿꼿하고 당당할 수 있다. 그는 존재 자체로 다른 사람에게 강력한 보호 장치가 된다. 그러므로 그가 하는 말은 영향력을 갖는다. 신실한 사람은 하는 일마다 잘된다. 주위 사람들의 귀를 언제나 즐겁게 해주지는 않지만 사람들의 마음을 얻고 있기에, 사람들은 그를 의지하고 신뢰하며 존경한다.

에너지를 능력으로 전환하라

우주의 에너지는 얼마나 경이로운가! 절대 지치지 않고 무궁무진하게 영원히 가장 작은 원자부터 가장 거대한 천체에 이르기까지 온 우주에 작용하면서 시간이라는 덧없는 형태에 끊임없이 맥동하는 힘을 불어넣는다.

사람은 바로 이 에너지의 일부이다. 이 에너지는 사람의 정신적 능력과 결합해 감정, 열정, 지성, 도덕성, 이성, 이해심, 지혜와 같은 형태로 드러난다. 그러므로 사람은 단순히 에너지를 흘려보내는 통로가 아니라 에너지를 의식적으로 사용하고 통제하며 관리하는 존재이다. 비록 느리지만 확실하게 외부의 힘을 통제하고 그 힘이 자신에게 복종하도록 만들 수 있다. **결국 사람은 내면의 힘,**

즉 미묘한 생각의 에너지를 통제함으로써 그 에너지가 자신이 원하는 삶의 통로로 향하게 만들 수 있다.

완전한 질서 시스템을 갖춘 우주에서 본래 사람의 신분은 노예가 아니다. 부정적인 생각들에게 굴복하는 무력한 꼭두각시가 아니라 선(善)의 법칙 아래에 있는 지휘관이다. 육체와 정신은 사람이 다스려야 할 두 영토이다. 사람은 내면 가장 깊숙한 곳에 '잠재력'이라 부르는 창조적인 에너지를 본래부터 지니고 있으며, 그 에너지를 현명하게 사용하고 관리하는 주체이다. 그러므로 **부끄러워하지 말고 강하고 굳세게, 온화하고 인자하게 이 세상을 살아가라. 더 이상 자신을 비하하며 엎드려 있지 말고, 완전한 인격을 갖춘 존재로서의 위엄을 지닌 채 몸을 곧게 세우고 당당하게 걸어가라.**

사람이 나약하고 무능한 존재임을 증명하려는 자들은 그냥 그렇게 주장하게 내버려두어라. 나는 사람이 강인하고 한계가 없는 존재임을 가르칠 것이다. 이 책은 아이들이 아닌 어른들을 대상으로 쓴 책이다. 간절히 배우길 원하고 성공을 갈망하는 사람들을 위한 책이다.

사람은 자신을 다스리는 주인이다. 그러나 그 힘을 잘못된 방향으로 사용하면 그에 대한 반작용으로 고통이 되돌아온다. 온갖 부정적인 생각들에 물들어 있는 사람 혹은 악한 사람이라 할지라도 자신이 하던 행동을 정확히 반대로 하면 긍정적이고 선한 사람이 될 수 있다. 이런 방식으로 나약함을 강함으로, 무력함을 능력으로, 고통을 행복으로 바꿀 수 있다. 심지어 죄인일지라도 자신의 에너지를 흘려보내는 방향을 바꿈으로써 성인이 될 수 있다.

우주의 에너지는 무한하다. 그러나 특정한 형태에서 사용할 수 있는 에너지 총량은 엄격하게 제한되어 있다. 사람도 한정된 양의 에너지를 소유하고 있다. 자신에게 주어진 에너지를 유용하게 사용할 수 있는가 하면 오용할 수도 있다. 에너지를 절약하거나 집중해서 사용할 수도 있지만 마음대로 낭비하거나 여기저기 분산시켜 사용할 수도 있다.

흔히 말하는 능력이란 무엇일까? 그것은 집중된 에너지이다. 그렇다면 지혜는 무엇일까? 꼭 필요한 곳에 선한 목적으로 사용되는 에너지이다. 능력과 지혜, 그리고 영향력을 지닌 사람은 유희를 느낄 수 있는 다른 모든 것들에 대한 욕망을 제어하며 단 하나의 가장 중요한 목적에 모든 에너지를 집중시키고, 그 목적이 성취되기를 기다리면서 계속 무언가를 한다. 다시 말해 노력한다.

반면에 어리석고 나약한 사람은 일시적이고 의미 없는 즐거움을 주는 것들에 에너지를 소비하고, 시시각각 떠오르는 욕망을 충족시키며, 순간적인 변덕과 충동을 따른다. 그렇게 자기 스스로도 자각하지 못하는 사이에 분노와 마음의 빈곤에 빠지고 만다.

특정한 방향에서 사용된 에너지는 다른 방향에서 사용할 수 없다. 이것은 마음의 영역이든 물질의 영역이든 완전히 동일하게 적용되는 보편적인 법칙이다. 미국의 사상가이자 시인인 랄프 왈도 에머슨(Ralph Waldo Emerson)은 이 법칙을 '보상의 법칙(the law of compensation)'이라고 불렀다. 특정한 방향에서 이익을 얻으면 필연적으로 반대 방향에서 손실을 겪는다. 한쪽 저울에 작용한 힘만큼 다른 쪽 저울에서 차감된다. 자연은 항상 균형을 이루려고 노력한다.

게으름으로 낭비한 에너지는 일하는 데 사용할 수 없다. 쾌락을 추구하는 사람은 진리를 추구하는 사람이 될 수 없다. 성급한 성미 때문에 소모한 힘은 그 사람이 쌓아온 미덕, 특히 인내라는 미덕에서 차감된다. 정신적인 차원에서 보면, 보상의 법칙은 희생의 법칙이라고도 할 수 있다. **성공을 얻으려면 이기적인 쾌락을 희생해야 한다. 미덕을 받아들이려면 악덕을 버려야 한다.**

성공한 자들은 세속적·지적·영적인 차원에서 성공을 성취하고 그것을 오래도록 유지하기 위해서는 자신의 욕구를 억제해야 하며 달콤해 보이는 것, 심지어 중요해 보이는 것을 희생해야 한다는 사실을 알고 있다. 당신도 자신이 원하는 삶으로 가는 데 중요하지 않지만 마치 중요한 것처럼 보이는 것들에 시간과 에너지를 낭비하지 않길 바란다.

성공한 자들은 굳은 결심을 하고서 취미를 비롯해서 육체적·정신적 방종 등 자신의 인생에 최우선 순위에 부합하지 않는 모든 일을 희생한다. 이들은 시간과 에너지가 엄격하게 제한되어 있다는 사실을 알고 있다. 그래서 한쪽에서 절약한 에너지를 다른 한쪽에 투입해 집중한다.

모든 부정적인 생각들과 나약함은 자기 파괴적 성질을 지닌다. 낭비와 방탕함은 소멸로 이어진다. 모든 자연은 강한 힘을 사랑한다. 나는 '적자생존'의 법칙이 본질적으로 잔인하다고 생각하지 않는다. 이 법칙은 자연의 법칙이자 정신적인 법칙에도 적용된다.

결국 그 무엇보다 당신이 강해져야 한다. 더 정확히 말하면 당신의 정신이 강해져야 한다. 만약 당신에게 동기와 확고한 결심이 없다면, 비참하고 나약하게 표류하는 '불안정한 삶'을 살게 될 것이다. **행동해야 할 순간에는 당신 마음속 깊이 오랫동안 간직했던 목표에 따라 결단하라. 때에 따라 다른 행동을 하겠지만, 마음이 올바르면 당신은 결코 그릇된 행동은 하지 않을 것이다.** 때때로 큰 압박을 받아 넘어지거나 잘못된 방향으로 갈 수도 있다. 그러나 내면에 있는 나침반이 안내하는 대로 따라간다면 당신은 빠르게 다시 궤도로 돌아올 것이며 그로써 더욱 현명하고 강해질 것이다.

당신의 신념을 따르라. 지금 바로 당신이 옳다고 여기는 일을 하라. 미루려는 마음, 주저하는 마음, 두려운 마음 등에 신경 쓰지 마라. 그런 마음은 그저 당연히 존재하는 것이다. 거기에 신경 쓰는 사람에게는 커다란 장애물이 되지만, 개의치 않는 사람에게는 그냥 '거기에 존재하는 것' 그 이상도 이하도 아니다.

특정 상황에서 어떤 일을 해나갈 때 강력한 조치가 필요하다는 확신이 들면, 그대로 조치하되 그 결정에 대해 의심하지 마라. 물론 당신이 선택한 조치가 최선은 아닐 수도 있다. 그러나 그 조치가 당신이 알고 있는 최선이라면 그대로 수행하는 편이 옳다. 만일 당신이 발전하고자 하는 갈망이 있고 기꺼이 배우려 한다면, 그렇게 선택하고 행동함으로써 더 좋은 방법을 찾게 될 것이다. 사전에 충분히 숙고하되 행동해야 할 때는 주저하지 마라.

분노하는 사람은 나약하다. 배우기를 거부하고 행실을 고치지 않으려는 완고한 사람은 어리석다. 그런 사람은 어리석은 상태로 나이를 먹게 되어 백발노인이 되더라도 명예나 존경을 얻지 못한다. 쾌락주의자는 쾌락을 위한 에너지만 가지고 있으며, 고결함과 성공을 위한 에너지는 전혀 남겨두지 않는다. 탐욕스러운 사람은 인간 본성의 고결함과 진정 의미 있는 삶에 대해 무지해서 행복을 누리는 쪽이 아닌 불행을 지속시키는 쪽으로 에너지를 사용한다.

당신의 힘은 언제나 당신과 함께 있다. 당신은 이 힘을 뜻대로 사용할 수 있다. 스스로를 쇠락하게 하며 타락하는 방향으로도, 또 발전하고 고결해지는 방향으로도. 또 이기심으로 에너지를 낭비할 수도 있고, 건강한 열정으로 에너지를 보존할 수도 있다. **똑같은 에너지로 당신은 짐승이 될 수도 있고, 신처럼 될 수도 있다. 당신이 에너지를 이끄는 방향에 따라 그 결과가 달라진다.**

'나는 정신력이 약하다.'고 생각하지 말고, 정신적 힘의 방향을 바꿔서 나약함을 강함으로, 에너지를 능력으로 전환하라. 당신의 생각이 성공의 경로로 흘러가게 만들어라. 헛된 갈망과 어리석은 후회를 버려라. 불평과 자기 연민을 내려놓고 부정적인 생각들과 어울리지 마라. 고결한 것에 시선을 고정하라. 당신은 강하다. 강한 그 힘으로 일어나서 모든 비열함과 나약함을 당신의 마음과 삶에서 쫓아내라. 이리저리 끌려다니는 노예로 평생 힘들게 살지 말고, 부디 정복하는 주인으로 당당히 살아가라.

매너를 보면 그 사람의 내면을 알 수 있다

위를 향해 나아가라.

짐승을 몰아내라.

원숭이와 호랑이를 없애라.

모든 문명은 짐승의 상태에서 벗어나면서 발전한다. 진화는 정교하게 다듬어지는 과정이며 그 과정에서 형성되는 사회적 관습도 진화의 법칙을 따른다.

좋은 매너는 윤리적 기초에서 발전했고 종교와도 분리할 수 없다. **나쁜 매너는 불완전함의 표출이다. 내면의 약점은 나쁜 매너를 통해 겉으로 드러난다.**

거칠고 잔인하며 화를 잘 내는 모습은 짐승에게는 자연스럽지만, 한 사회의 구성원이 되기를 바라는 사람(고상한 사람까지는 아니더라도)이라면 이런 동물적 성향을 즉시 없애야 한다.

많은 이가 동물의 행동을 모방하면서 스스로 격을 떨어뜨린다. **자신의 야만스러움을 순수함으로, 천박함을 솔직함으로 착각하지 말아야 한다.**

타인을 향한 이타심과 배려하는 행동은 자신의 내면에 있는 교양을 나타낸다. 이러한 자질이 있는 척 가장하며 살아가면 잠깐은 성공한 듯해도 절대 오래가지 않는다. 가장과 위선은 쉽게 들통난다. 본래 사람은 어설픈 흉내를 꿰뚫어 보는 데 능숙하기에, 자기 자신 말고는 아무도 속지 않는다. 에머슨은 이렇게 말했다.

"잘 보이려고 하는 행동은 겉만 번지르르한 행동으로 보이고 사랑으로 하는 행동은 사랑의 행동으로 느껴진다.
모든 일에는 항상 좋은 방법이 있다.
달걀을 삶는 간단한 일도 그렇다.
매너는 일을 올바르게 하는 가장 행복한 방법이다."

사람들은 고상한 삶이 평범한 일상과는 동떨어진 이상적인 세계라고 상상한다. 그래서 '더욱 고상한 것'을 추구한다는 허상에 사로잡혀 일상의 행동들을 소홀히 하고, 업무도 부주의하게 수행하는 실수를 자주 저지른다. 이런 모습은 이들의 내면이 깨어 있지 않으며, 오히려 부정확하고 나약하다는 증거이다. **아무리 사소하고 하찮아 보이는 일이라도 그것을 하는 올바른 방법과 잘못된 방법이 있다.** 올바른 방법으로 일을 해야 갈등이 일어나지 않으며, 그렇게 자신의 시간과 에너지를 사용해야 할 곳에 정확한 방법으로 사용함으로써 사람의 내면은 발전해 간다.

균형 잡힌
의지를 키우는 법

정신적인 힘이 없으면 가치 있는 일을 할 수 없다. 흔히 '의지력'이라고 부르는 견고하고 완성된 인격의 힘은 인간이 함양해야 할 중요한 의무 중 하나이다. 확고한 목표는 세속적인 일에서나 영적인 일에서나 모든 성공의 기초가 된다. **확고한 목표가 없으면 인간은 비참하게 살아갈 수밖에 없고, 자기 내면에서 찾아야 할 지지를 얻기 위해 다른 사람에게 의존할 수밖에 없다.**

의지력에 관한 신비한 이야기들은 완전히 잊어라. 의지력을 키우는 데 신비로운 비법은 없다. 단지 의지력을 키우는 실질적인 방법만 존재할 뿐이다.

의지력을 함양하는 진정한 길은 개인의 평범한 일상에서만 찾을 수 있다. 이 길은 너무나도 명백하고 단순하다. 그렇기에 뭔가 복잡하고 신비한 길이 있지 않을까 기대하며 찾아다니는 사람들 대부분이 이 길을 알아채지 못하고 그냥 지나쳐버린다.

조금만 논리적으로 생각해 보면 나약하면서 동시에 강할 수 없다는 사실을 쉽게 알 수 있다. 따라서 더 강한 힘을 획득하는 유일하고 직접적인 방법은 자신의 나약함을 강하게 만드는 것이다. 의지력을 함양하기 위한 모든 수단은 이미 각자의 마음과 삶 속에 준비되어 있다.

그렇다면 그 '모든 수단'들은 어디에 있는가? 자기 인격의 약한 부분 안에 자리 잡고 있기 때문에 약한 부분을 공격하고 정복해야 의지력을 개발할 수 있다. 이와 같이 매우 간단한 기초적인 진리를 이해한 사람이라면, 의지를 함양하는 모든 방법들은 결국 다음의 일곱 가지 규칙 속에 녹아 있다는 사실을 알게 될 것이다.

1. 나쁜 습관을 버려라.
2. 좋은 습관을 형성하라.
3. 현재 주어진 의무에 세심한 주의를 기울여라.
4. 해야 하는 일은 무엇이든 즉시 적극적으로 하라.
5. 자신만의 규칙에 따라 살아라.
6. 혀를 통제하라.
7. 마음을 통제하라.

첫 번째 단계는 나쁜 습관 버리기이다. 첫 단계부터 쉽지 않다. 나쁜 습관을 버리려면 엄청난 노력 혹은 꾸준한 노력이 필요하며, 이러한 노력을 기울여야만 의지력을 강화할 수 있다. 첫 번째 단계부터 너무 어렵거나 귀찮다며 수행을 거부하는 순간, 당신은 원하는 삶을 결코 살지 못할 것이다. 나쁜 습관이 주는 즉각적인 즐거움에 빠져 나쁜 습관에 굴복하는 사람은 자신을 다스릴 권리를 상실한 나약한 노예와 다를 바가 없기 때문이다. 반복적인 연습이라는 노력을 거의 기울이지 않으면서 의지력이 강했으면 좋겠다고 염원한다면 어딘가에 존재하는 마법과 같은 '신비한 샘물'을 찾고 있는 셈이다. 이런 사람은 그 자체로 자신을 속이고 있으며, 자신의 나약한 의지력은 더욱 약화될 것이다.

당신이 만약 첫 번째 단계를 통과했다면 나쁜 습관을 극복함으로써 이미 당신의 의지력은 상당한 수준으로 향상되었다. 그렇다면 이제는 좋은 습관을 시작할 수 있다. 나쁜 습관을 극복하는 데 강한 결단력이 필요하다면, 새로운 습관 형성은 결단의 방향을 현명하게 설정하는 일이다. 그렇게 하기 위해서는 나쁜 습관에 쏟아부었던 정신적인 에너지를 긍정적인 방향으로 돌리면서 자신을 주의 깊게 살펴야 한다.

이렇게 두 번째 규칙을 따르는 데 성공해서 좋은 습관까지 장착했다면, 현재 주어진 의무에 세심한 주의를 기울이라는 세 번째 규칙이 그리 어렵지 않을 것이다. 맡은 일에 세심한 주의, 즉 철저함을 직접 행동으로 옮기면 그 자체로 의지력이 빠른 속도로 강해진다. 맡은 일을 대충하는 것은 나약함의 표시이다. 아무리 하찮은 일이라도 세심하게 해내야 한다. 당신의 에너지를 분산시키지 말고, 지금 해야 할 그 일에 주의를 온전히 기울여라. 이로써 집중력이 점차 강해짐은 물론, 자연스럽게 뚜렷한 목표 의식까지 갖추게 될 것이다.

해야 하는 일은 무엇이든 즉시 적극적으로 하라는 네 번째 규칙 역시 중요하다. 게으름과 강한 의지는 공존할 수 없기 때문이다. 꾸물대고 미루는 습관은 목표 의식을 가지고 행동하는 데 사실상 가장 커다란 방해물이다. **어떤 일이든지 단 몇 분도 '연기'해서는 안 된다. 지금 해야 하는 일은 그냥 지금 하라.** 이것은 사소하게 보이지만 삶 전체에 지대한 영향을 미치는 아주 중요한 내용이다. 이 규칙을 지키면 힘과 성공을 얻을 수 있다.

자신만의 규칙에 따라 살아야 한다는 다섯 번째 규칙은 성공의 속도를 좌우한다. 격정과 충동이 이끄는 대로 반응해서는 안 된다. 격정이 아닌 확고한 자신만의 원칙에 따라 살아야 한다. 무엇을 먹고 무엇을 먹지 않을지, 무엇을 입고 무엇을 입지 않을지 정해야 한다. 오늘 가장 집중해야 할 일이 무엇인지, 하루에 몇 번 식사할지, 언제 먹을지, 언제 잠자리에 들지, 언제 일어날지를 정해야 한다. 욕망과 기분이 시키는 대로 먹고 마시며 욕망의 감각으로 아무렇게나 산다면 그것은 동물의 삶이지, 의지와 이성을 지닌 인간의 삶이 아니다. 내면에 있는 동물적 본성을 경계하기 위해서는 자신만의 규칙이 있어야 한다는 사실을 잊지 마라. 무엇이든 기준과 규칙이 있어야 그에 기반한 부정적인 생각들을 다스릴 수 있다.

여섯 번째 규칙은 자신의 혀를 통제하는 일이다. 당신의 이성에서 비롯된 말이 아닌 짜증, 분노, 흥분, 악의에서 나오는 어떤 말도 하지 말아야 한다. 의지력이 강한 사람은 함부로 부주의하게 말하지 않는다.

당신이 이 여섯 가지 규칙을 모두 실천했다면, 이제 마지막 규칙으로 넘어가게 된다. 일곱 번째 규칙은 마음을 올바르게 통제하는 일이다. 앞선 여섯 가지 규칙을 행동으로 옮기면 (스스로는 크게 느끼지 못한다 할지라도) 이미 상당 부분 자기통제가 내면화된다. 사실 자기통제가 가장 어렵다. 왜 그럴까? 자기통제는 삶에서 가장 중요하고 필수적인 요소이지만, 제대로 이해하는 사람이 거의 없기 때문이다. 마지막 단계를 거치며 당신은 인간이 받을 수 있는 최고의 왕관, 즉 '균형 잡힌 강한 의지'를 지닌 사람이 된다.

사소한 일도
최선을 다해 수행하라

사소한 일을 마치 세상에서 가장 중요한 일을 하듯이 수행하라. 이것이 철저함이다. 삶에서 가장 사소한 일들이 실제로는 가장 중요하다는 사실은 세상 사람들이 잘 이해하지 못하는 진리이다. 오히려 사소한 일은 뒤로 제쳐두거나 대충해도 된다고 많이들 생각한다. 이러한 생각은 철저하지 못한 태도의 원인이 되며, 모든 것들을 그저 '적당히' 하게 함으로써 불행한 삶을 살아가게 만든다.

이 세계, 그리고 당신의 인생에서 가장 중요한 일들은 사소하고 작은 일들이 모여 만들어진다. **작은 일들이 모이지 않고서는 중요한 일이 존재할 수 없다.** 이 사실을 깨달으면 이전에는 대수롭지 않게 여겼던 것들에 세심한 주의를 기울이게 된다. 이처럼 작은 일에도 세심한 주의를 기울이는 사람은 철저함이라는 중요한 성공 요소를 얻게 되고, 유능하고 영향력 있는 사람이 된다. 철저함의 유무에 따라 자신이 원하는 삶을 살아갈지, 불행하고 나약한 삶을 살아갈지가 결정되기 때문이다.

철저함을 지니고 있는 사람이 얼마나 드문지 알고 있는가? 자신이 하는 일에 모든 생각과 에너지를 쏟아부어서 결국 그 누구에게도 부끄럽지 않을 결과를 내는 사람은 매우 드물다. 그것은 성공하는 사람이 적은 이유와 동일하다. 형편없는 태도로 일하는 사람은 너무나 흔하다. 그러나 탁월한 태도와 숙련된 솜씨로 일하는 사람은 매우 드물다. 경솔함, 부주의, 게으름은 우리에게 너무나도 익숙하고 흔한 악습이다.

일반적으로 사람들에게 철저함이 부족한 이유는 바로 쾌락에 대한 갈망 때문이다. 쾌락에 대한 갈망은 꾸준히 무언가를 해내는 것에 싫증을 느끼게 할 뿐만 아니라 맡은 일에 최선을 다하지 못하게 만들고, 결국 당연히 해야 할 일조차 제대로 수행하지 못하게 만든다. 얼마 전에 내가 관찰한 사례 중 하나를 소개하겠다.

한 가난한 여성이 고용주에게 간절하게 호소한 끝에 보수도 좋고 책임도 막중한 일자리를 얻었다. 그녀는 취직한 지 며칠 지나지 않아서 "이제 제대로 된 일자리를 얻었으니 그동안 하지 못했던 여행을 해야겠다."며 말하고 다니기 시작했다. 그녀는 결국 한 달도 채우지 못한 채 '무책임과 태만'이라는 그야말로 최악의 사유로 해고되었다.

두 가지 물체가 동시에 같은 자리에 존재할 수 없듯, 쾌락에 사로잡힌 마음은 무언가에 집중하지 못한다. 쾌락을 즐기기에 적합한 장소와 시간은 따로 있다. 그러므로 자신이 마땅히 해야 하거나 절실한 마음으로 임해야 하는 시간에는 쾌락에 관한 생각이 마음속에 들어오지 못하도록 해야 한다. 일하는 동안에도 끊임없이 쾌락에 대해 생각하는 사람들은 일을 엉망으로 할 수밖에 없다. 심지어 그들은 자신의 쾌락이 위태로워 보이는 상황이 찾아오면 원하는 삶을 살기 위해 꼭 해야만 하는 일, 당연히 끝내야 하는 일, 가장 중요한 일까지 모든 것들을 방치한다.

그런데 실제로 완벽하게 일을 처리해야 완벽하다고 평가할 수 있을까? 그보다는 당신의 철저함 자체가 완벽한 것이다. 다시 말해 실제로 어떤 일을 매우 잘해서 더 이상 요구할 사항이 없는 수준으로 해낼 수도 있겠지만, 설령 다른 사람보다 일을 더 잘하지는 못하더라도 최선을 다해 노력한다면 완벽하다고 할 수 있다. 또한 생각(일에 관해서는 '고민'이라고도 한다)을 많이 하고, 높은 열의를 지니고, 해야 할 일에 지속해서 마음을 쏟고, 책임감을 지속적으로 가지는 것을 의미하기도 한다.

고대의 한 스승은 이렇게 말했다.

"해야 할 일이 있다면, 그 일을 하되 적극적으로 임하라."

또 다른 스승은 이렇게 말했다.

"네 손으로 해야 할 일을 찾았다면, 그 일이 무슨 일이든 전력을 다하라."

성공한 사람들은
모두 집중했다

집중력 즉, 정신을 하나에 모으고 그대로 유지하는 일은 어떤 일을 성취하는 데 반드시 필요한 요소이다. 집중력은 철저함의 아버지이며, 탁월함의 어머니이다. 집중력은 그 자체로 목적을 지니기보다는 모든 정신적 능력과 모든 일에 도움을 주는 수단으로써 중요하다. 다시 말해 **집중력은 그 자체로 어떤 목적을 지니기보다는 모든 목적을 달성하는 데 기여하는 능력이다**. 기계공학에서 증기의 역할과 마찬가지로, 집중력은 정신이라는 기계를 움직이고 삶이라는 기능을 원활하게 돌아갈 수 있게 해주는 원동력이 된다.

집중력은 누구나 보편적으로 가지고 있지만, 높은 수준의 집중력을 가진 사람은 매우 드물다. 마치 의지와 이성을 누구나 가지고 있지만, 강한 의지와 통찰력과 조화된 이해력을 지닌 사람이 드문 현상과 같다. 어떤 분야든 성공한 모든 사람은 높은 수준의 집중력을 발휘하며 살아왔다. 집중력이 정확히 무엇이고, 어떤 성질을 지니고 있는지에 대해서는 전혀 알지 못하더라도 말이다.

집중력에 관한 많은 책이 집중력을 가지는 방법과 집중력을 실제 행동으로 옮기는 그 자체에 대해서 말한다. 그러나 그 내용을 보면 이보다 더 확실하고 빠르게 정신을 파멸에 이르게 하는 길이 없는 것 같다. 집중력을 높이기 위한 목적으로 특정한 곳에 시선을 고정하거나, 복부 주변에 호흡 등에 집중하거나, 임의로 찍은 가상의 점에 정신을 집중하는 식의 행동(집중력에 관한 책들은 이런 방법들을 진지하게 권유한다)은 음식을 먹지 않으면서 단지 음식을 먹는 것처럼 턱을 움직임으로써 몸에 영양분을 공급하려는 행위와 같다.

이러한 방법은 오히려 집중력 향상이라는 목적을 방해한다. 정신을 분산시키며, 힘과 지혜가 아닌 나약함과 어리석음에 이르게 할 뿐이다. 내가 만나 본 사람들 중에는 이러한 방법대로 연습하다가 애초에 가지고 있던 집중력마저 약해지고, 혼란스러운 정신 상태로 전락하게 된 사람도 있다.

집중력은 무언가를 하는 데 도움이 되는 수단일 뿐이지, 그 자체로 무언가를 할 수는 없다. 사다리는 그 자체로는 아무런 가치가 없으며, 다른 방법으로는 닿을 수 없는 지점에 닿게 해줄 때에만 가치가 생긴다. 마찬가지로 집중력은 다른 방법으로는 성취할 수 없는 것을 쉽게 성취하도록 도와주는 수단이다. 그 자체로는 무의미하며, 실제적인 성취를 만들어낼 수도 없다.

그런데 실질적으로 전혀 도움이 되지 않는 방법들에 의지하지 않고도 집중력을 함양할 수 있다. 그것도 특별한 곳이 아니라 평범한 일상(지식을 획득하는 일이든, 바닥을 청소하는 일이든)에서 말이다. 집중력이란 바로 지금 해야 하고, 하고 있는 그 일을 하는 데 사용하는 것이기 때문이다.

사실 집중력은 굉장히 평범하고 현실적인 능력이다. 그러나 목적 없이 서두르거나 부주의하게 일하면서, 집중력이 마치 일종의 신비한 기술인 것처럼 인위적인 '집중력 향상법'으로써 얻고자 하면 정신적으로 오히려 혼란에 빠지게 할 뿐, 정신적인 안정을 얻지는 못할 것이다.

집중력의 가장 강력한 적이자 모든 능력의 가장 거대한 훼방꾼은 동요하고 방황하는, 훈련되지 않은 정신이다. 이러한 상태를 극복해야만 집중력을 얻을 수 있다. 훈련되지 않아 뿔뿔이 흩어져 있는 군대는 쓸모가 없다. 그 군대가 효율적으로 빠르게 움직이면서 승리를 거두기 위해서는 일사불란하게 집결하고, 능수능란한 지휘관의 지휘와 통제를 받아야 한다. 마찬가지로 흩어지고 분산된 생각은 나약하고 무익하다. 특정 지점을 향해 정렬되고 관리된 생각은 매우 강력한 힘을 지닌다. 혼란과 의심, 어려움은 집중된 힘 앞에서는 별다른 힘을 쓰지 못한다. 당신의 집중된 생각은 당신의 모든 성공에 크게 공헌할 것이다.

그렇다면 집중력을 얻는 비결은 무엇인가? 다른 능력이나 기술을 습득하는 방법과 크게 다르지 않다. 집중력 역시 모든 발전의 기본 원리인 '실천'에 의해 좌우되기 때문이다. **어떤 일을 할 수 있으려면 일단 그 일을 시작해야 하고, 숙달될 때까지 그 일을 계속해야 한다.** 이러한 원리는 모든 예술, 과학, 기술, 학습, 행동에 보편적으로 적용된다. 그림을 잘 그리려면 일단 그림을 그려야 한다. 도구를 능숙하게 사용하려면 그 도구를 사용해 봐야 한다. 현명해지고 싶다면 현명한 행동을 해봐야 한다. 성공적으로 무언가에 집중하려면 실제로 정신을 집중해 봐야 한다. **다만 그냥 해본다고 되지 않는다. 열의를 가지고 실천해야 한다.**

집중력을 높이는
4단계 의식

먼저 일상적인 일들을 수행할 때 정신을 쏟아보라. **당신의 모든 정신 에너지를 그 일에 집중시켜라. 당신의 생각이 목적 없이 방황하고 있음을 인지하는 순간, 그 즉시 지금 하는 일로 다시 생각을 돌리는 작업을 계속하라.** 이처럼 정신을 하나로 모으는 방법의 '핵심'은 특정 공간 속 한 지점에 시선을 고정하는 특수한 방법이 아니라 당신이 매일 하는 일을 잘 해보는 것이다. 집중하는 목적이 무엇인가? 당신이 해야 할 일을 더 원활하고 빠르게 해내기 위해서다. 그때까지 당신은 '아직 집중력을 획득하지 못한 상태'이다.

획득할 만한 가치가 있는 모든 것은 습득하기가 어렵다. 자기 생각과 에너지, 의지를 해야 할 일에 강력하게 집중시키는 일도 처음에는 어렵게 느껴질 수 있다. 그러나 이는 지극히 당연하다. 모두가 쉽고 빠르게 집중력을 발휘할 수 있다면 '집중력'이라는 단어 자체가 세상에 존재하지 않았을 것이다. 당신이 해야 할 일은 인내심을 가지고 그저 매일 하는 것뿐이다. 그러다 보면 머지않아 어떤 일에서든 일정 수준의 집중력을 갖게 될 것이다. 이 수준이 되면 자기 일에 대해 이전보다 빠르게 파악하고 세심하게 결과를 낼 수 있게 된다.

당신의 집중력이 점차 커짐에 따라 주어진 상황에 관계없이 업무 처리 능력이 높아지고, 당신의 가치는 이에 비례해서 높아진다. 당신은 결국 더 좋은 기회를 얻게 되고, 더 수준 높은 의무를 맡게 되며, 당신이 원하는 삶에 한층 가까워져 충만한 행복감을 느끼게 될 것이다. 집중력을 높이는 네 단계는 다음과 같다.

1. 주의
2. 숙고
3. 몰두
4. 평온 속의 활동

첫 단계는 모든 생각을 멈추고, 현재 집중해야 할 대상에 정신을 집중하는 일이다. 이 단계가 주의의 단계이다. 그런 다음, 일을 진행하는 방법에 관해 활발하게 생각함으로써 정신을 일깨우는 단계에 들어간다. 이것이 숙고의 단계이다. 오랫동안 숙고하면 집중을 방해하는 외부 자극이 들어오지 못하도록 감각의 문이 모두 닫힌다. 이때 정신은 그 안에서 오로지 주어진 일에만 집중하는 상태에 도달한다. 이 단계가 바로 몰두의 단계이다. 이렇게 깊은 생각에 빠져 집중된 정신은 최소한의 시간과 노력의 투입으로 최대한의 성과를 거두는 상태에 도달한다. 이 단계가 평온 속의 활동 단계이다.

주의는 비단 집중력뿐만 아니라 모든 성공적인 일의 첫 번째 단계이다. 주의력이 부족한 사람은 그 어떤 일도 제대로 하기 어렵다. 주의 단계를 거치면서 더욱 깊은 영역으로 진입하면 두 번째 단계에 도달한다. 사실 평범한 수준으로 성공하고자 한다면 이 두 단계만으로도 충분하다. 다양한 분야에서 일하는 숙련되고 유능한 사람들 대다수가 정도의 차이는 있겠지만 이 단계에 도달한다.

비교적 소수만이 세 번째 단계인 몰두에 도달할 수 있다. 몰두 단계에 도달하면 천재성의 영역에 들어서게 되기 때문이다. 처음 두 단계에서는 일과 정신이 분리되어 있어서 어느 정도 저항을 겪기에 힘을 들여 일할 수밖에 없다. 그러나 세 번째 단계에서는 일과 정신이 서로 결합되어 그 둘이 하나가 된다. 그러면 저항이 줄어 더 적은 노력으로도 더 높은 능률을 발휘하게 된다.

처음의 두 단계가 완성되면 정신은 객관적인 관점에서 일을 하게 되지만 외부의 자극들 즉, 시각과 청각에 의해 쉽게 집중이 깨질 수 있다. 그러나 정신이 완벽하게 몰두하게 되면 객관적이 아닌 주관적인 상태로 일하게 된다. 이때는 외부 세계를 감지하지 못하며, 그 정신 작용은 위력적일 만큼 활발하게 이루어진다. 누군가 말을 걸어도 그는 듣지 못할 것이다. 좀 더 강한 자극을 주어야만 마치 꿈에서 깨어난 사람처럼 정신을 외부로 돌릴 수 있다. 실제로 이러한 몰두는 일종의 백일몽과 비슷하다. 그러나 몰두와 꿈의 비슷한 점은 둘 다 주관적인 상태라는 점 한 가지뿐이다. 몰두의 상태에서는 꿈의 혼돈 대신 온전한 질서, 예리한 통찰, 대상에 대한 폭넓은 이해가 존재하기 때문이다.

고도의 몰두 상태에 도달한 사람은 누구나 자신이 지금 정신을 집중시키고 있는 특정 분야에서 천재성을 드러낼 수 있다. 그들은 집중의 두 번째 단계를 넘어서지 못한 대부분의 사람들이 아무리 노력을 기울여도 성취하지 못하는 일들을 자신들만의 주관적인 작업 방식으로 쉽게 성취해 낸다.

네 번째 단계인 평온 속의 활동 상태에 도달하면 드디어 더 이상 오를 곳이 없는 단계의 집중력을 얻게 된다. 나는 평온함과 강렬한 활동이 결합한 이러한 이중적 상태를 충분히 표현할 만한 단어를 찾을 수 없었기에 '평온 속의 활동'이라는 이름을 붙였다. 이 용어가 모순적으로 보일 수 있지만, 팽이를 생각해 보면 이 역설을 이해하는 데 도움이 될 것이다. 팽이가 최대 속도로 회전하면 저항이 최소한으로 줄어들어 완벽한 평정을 유지한다. 이 광경은 어린 학생들의 눈에 굉장히 신기하고 매혹적으로 보이기에 아이들은 자신의 팽이가 "잠자고 있어요!"라고 말하기도 한다. 팽이는 외관상 움직이지 않는 듯 보이지만, 이는 완벽하게 균형 잡힌 채 강렬한 활동을 지속하는 상태이다. 마찬가지로 최고 수준의 집중력을 획득한 정신은 최고로 생산적인 작업을 하기 위해 정신이 강렬하게 움직이지만 동시에 침착하게 평온을 유지한다. 외부에서 들어오는 그 어떤 자극이나 방해도 느낄 수 없다. 이러한 집중력을 획득한 사람의 얼굴은 평온함으로 빛난다.

집중의 각 단계는 특정한 힘을 지니고 있다. 첫 번째 단계인 '주의'가 완성되면 유능함을 발휘하게 된다. 두 번째 단계인 '숙고'가 완성되면 평소 발휘되지 않았던(심지어 자신에게는 없다고 생각했던) 능력과 재능을 발휘하게 된다. 세 번째 단계인 '몰두'가 완성되면 독창성과 천재성을 발휘하게 된다. 마지막 단계인 '평온 속의 활동'이 완성되면 영향력과 힘을 얻어 다른 사람들에게 통찰을 줄 수 있는 지도자 혹은 스승이 된다.

모든 성장 과정과 마찬가지로, 집중력 함양 과정에서도 다음 단계들은 이전 단계에 속하는 것들을 완전히 포함한다. 따라서 숙고 단계에는 주의 단계가 포함된다. 몰두 단계에는 주의 단계와 숙고 단계가 모두 포함된다. 그리고 마지막 단계에 도달한 사람은 숙고의 행위를 할 때조차 네 단계를 모두 실행할 수 있다.

단순하게
살아라

너무 무거운 짐을 지고 버거웠던 적이 있는가? 그렇다면 그 짐을 내려놓았을 때의 기분 좋은 해방감을 경험해 보았을 것이다.

서랍, 찬장, 방에 잡동사니와 쓸데없는 물건을 쌓아놓고 사는 사람들이 있다. 이것들로 제대로 청소할 수 없게 되어 집에 해충이 들끓는 경우도 발생한다. 그런 사람들은 잡동사니가 아무런 쓸모가 없어도 버리지 않는다. 잡동사니를 정리함으로써 해충까지 제거할 수 있다고 하더라도 말이다.

그들은 잡동사니가 그 자리에 있다는 사실에 만족한다. 특히 다른 사람이 가지고 있지 않은 물건을 소유하고 있다는 느낌을 좋아한다. 언젠가는 그 잡동사니를 사용하게 되거나, 그것들의 가치가 높아질지도 모른다고 생각하기도 한다. 때로는 그 물건들이 예전의 기억을 되살려줘서 역설적으로 슬픔 속에서도 즐거움을 느끼게 해준다고 말하기도 한다.

깨끗하고 쾌적하게 관리된 집에서는 먼지, 불쾌감, 번거로움을 초래하는 잡동사니가 쌓여 있지 않다. 만약 잡동사니가 조금 쌓였더라도 곧장 그것들을 버리고 다시 집에 빛과 쾌적함, 아늑함이 깃들게 한다.

이와 마찬가지로 정신적인 잡동사니, 즉 쓸데없는 생각들을 마음속에 쌓아놓은 채 집착하고 잃어버릴까 두려워하는 사람들이 있다. 그들의 내면에는 채울 수 없는 욕망, 쾌락에 대한 갈망, 기적, 행운, 긍정적인 생각들, 부정적인 생각들, 복잡하게 얽히고설킨 마음들이 늘 가득 차 있다. 계속해서 가설 위에 가설이 쌓이고, 추측 위에 추측이 더해져서 결국 단순하고 아름다운 삶의 진실들은 묻힌다. 즉, 형이상학적인 생각 더미 아래 통찰력과 지식이 묻혀 있다.

단순한 삶이란 욕망이 초래하는 고통스러운 혼란과 불필요한 생각들을 제거하고, 영구적이고 가장 필수적인 요소만 고수하는 일이다.

그렇다면 삶에서 무엇이 영구적이고, 또 무엇이 필수적인 요소일까? 오직 미덕만이 영원하다. 그리고 인격이 삶에서 필수적인 요소이다. 불필요한 모든 것을 제거할 때, 실천하기 쉽진 않지만 그럼에도 불구하고 쉽고 명확하게 정리된 몇 가지 원칙만 올바르게 이해하고 살아갈 때, 삶은 단순해진다.

모든 위대한 사람들은 단순하게 살았다. 석가모니는 삶의 원칙을 여덟 가지 미덕으로 정리했고, 이 미덕을 실천하면 사람들이 완전한 깨달음을 얻게 될 거라고 선언했다. 또 이 여덟 가지 미덕을 '자비'라고 부르는 하나의 미덕으로 요약했다. 공자는 깨달음을 완성하려면 다섯 가지 미덕이 필요하다고 가르쳤고, 이를 호혜 혹은 '인(仁)'이라고 부르는 하나의 미덕으로 설명했다. 예수는 삶 전체를 '사랑'이라는 원칙 하나로 정리했다.

자비와 인과 사랑, 이 세 가지는 본질적으로 동일하다. 얼마나 단순한 원칙들인가! 그러나 나는 이러한 미덕의 심오함을 온전히 이해한 사람을 거의 찾지 못했다. 왜냐하면 이러한 덕목을 온전히 이해한 사람이라면 이를 실천에 옮길 것이기 때문이다. 그런 사람은 완전하고 완벽하고 신성한 존재일 것이다. 단순한 미덕의 원칙에 따라 자신의 삶을 진지하게 정리정돈하기 시작할 때, 자신이 그동안 쌓아 올린 정신적인 잡동사니가 무엇인지 발견할 수 있으며 이제는 그것을 버려야만 한다는 사실을 깨닫게 된다. **이 과정이 굉장히 혹독하고 고통스럽게 느껴질 수 있다. 마음이든, 집이든, 직장이든, 무언가를 정리하는 과정은 결코 간단하거나 쉽지 않다. 그러나 마지막에는 반드시 안락함과 평온을 느끼게 된다.**

모든 복잡한 세부 사항은 물질적인 차원이든 정신적인 차원이든 상관없이 그 대상을 존재하게 하고 규정하는 몇 가지 기본적인 법칙이나 원칙으로 간단히 정리할 수 있다. 현명한 사람들은 몇 가지 단순한 규칙으로 자신의 삶을 통제한다. 만약 사랑이라는 원칙으로 삶을 살아간다면 일상의 모든 세세한 부분에서도 이 원칙이 일관되게 발현될 것이며, 모든 생각과 말과 행동이 적절하게 조화를 이루기 때문에 갈등이나 혼란을 겪을 일이 없거나, 있다 해도 현저히 적을 수밖에 없다.

고결하고 현명하기로 유명한 불교의 고승에게 어느 박식한 사람이 물었다.

"불교에서 가르치는 내용 중 무엇이 가장 중요합니까?"

고승은 답했다.

"불교에서는 악을 멈추고 선을 행하는 법을 배우는 것이 가장 중요합니다."

그러자 박식한 남자가 말했다.

"저는 세 살짜리 아이도 알고 있을 만한 내용을 여쭤본 것이 아닙니다. 불교에서 가르치는 내용 중에서 가장 심오하고, 가장 고상하고, 가장 중요한 것이 무엇인지 듣고 싶습니다."

이에 고승이 대답했다.

"불교의 가르침 중에서 가장 심오하고, 가장 고상하고, 가장 중요한 것은 악을 멈추고 선을 행하는 법을 배우는 일입니다. 세 살짜리 아이도 알고 있으나, 백발의 노인도 제대로 실천하지 못하는 일이기도 하지요."

그럼에도 불구하고 이 박식한 사람이 원했던 답은 그것이 아니었다. 그가 원하는 내용은 진리가 아니라 꼬리에 꼬리를 물고 또 다른 추측을 불러일으킬 수 있는 복잡 미묘하고 형이상학적인 추측이었다. 그것을 통해 자신이 그토록 자랑스러워하는 자신의 뛰어난 지성을 고승에게 보여줄 기회를 찾는 중이었다.

어느 철학 학파의 구성원이 나에게 이렇게 자랑한 적이 있다.

"우리의 학설은 세상에서 가장 완벽하고 복잡하답니다."

나는 그 학설이 무엇인지 몰두해 살펴보고는 다시 단순함과 자유라는 삶의 진실로 돌아가는 과정을 거쳤다. 그 이후로 아름답지만 실체가 없는 형이상학적인 그물을 엮어나가는 데 시간을 낭비하기보다는 확고한 미덕을 추구하고 실천하는 데 시간과 에너지를 사용하는 편이 훨씬 더 유익하다는 사실을 깨달았다.

나는 가설이나 추측을 제시하면서 남들에게 뽐내려는 태도와 자신이 내놓은 가설과 현실을 혼동하는 허영심에 반대할 뿐, 무지와 어리석음을 옹호하지는 않는다. 배움은 훌륭한 일이다. 그러나 배움 자체를 목적으로 삼거나 과시하기 위해 배우는 행위는 무의미하다. 불교의 고승은 오만했던 질문자 못지않게 학식이 높았지만, 그 사람보다 더 겸손하고 현명한 사람이었다. 진짜 현명한 사람들은 모든 가설을 배제하고 단순한 미덕을 실제 행동으로 옮기는 데 집중한다. 그리하여 그들은 위대한 존재가 되고, 단순함과 깨달음의 정점에 도달한다.

단순함이 주는 자유와 행복에 도달하고 싶다면, 생각을 적게 하기보다는 오히려 더 많이 해야 한다. 다만 이때 생각은 오직 고결하고 유용한 목표를 향해야 한다. 무익한 '이론화'에 생각을 분산시키는 대신, 삶의 목표와 그 목표를 설명할 수 있는 삶의 목적에 대해 생각을 집중해야 한다.

단순한 삶을 살아가면 모든 부분이 단순해진다. 내가 내 삶을 지배하려는 마음이 순수하고 강해졌기 때문이다. 몸에 해로운 폭식, 불필요한 겉치레, 과장하는 말, 불성실한 행동, 지적인 과시와 무의미한 억측을 불러오는 생각 등은 미덕을 더 잘 이해하고 적극적으로 받아들이기 위해 반드시 버려야 한다. 그런 생각들이 문득 떠오른다면 곧바로 인지한 후 바로 멈춰보라. 지식이라는 허울 좋은 보자기 안에 감춰진 삶의 근본적인 사실들이 명백하게 드러날 것이다. 이론가들이 장황하게 추측하고 논쟁만 하는 영원한 진리들을 당신이 실제로 소유해 보라.

균형 감각을
키워라

악몽은 맥락도 없고 모든 것이 뒤죽박죽이며 혼돈과 괴로움만 존재하는 상태이다. 악몽과 마찬가지로 훈련되지 않은 내면은 균형 감각이 없다. 내면에서부터 외부에 이르기까지 올바른 관계를 제대로 볼 수 없기 때문에 자기 자신과 세계가 어떻게 돌아가는지 그 근본 원리를 알 수도 없다.

균형 감각이란 사물을 있는 그대로 볼 수 있는 능력이다. 당신의 모든 슬픔과 염려, 두려움과 어려움은 어디에서 올까? 당신이 바라는 대로 되지 않아서일까? 아니면 수많은 욕망에 가려져 정확한 균형 감각이 없이 사물을 바라보기 때문일까?

슬픔에 압도되면 상실감에 사로잡혀 인생의 모든 것이 온통 슬픔으로 가득차 보인다. 슬픔을 가져온 사건이 사소할지라도 슬픔에 빠진 당신은 주변의 모든 감정에 비해 슬픔이 가장 거대하게 느껴진다. 서른이 넘은 사람이라면 누구나 슬픔에 잠기고 절망에서 헤어 나오기 힘들었던 기억이 떠오를 것이다. 그러나 지금, **올바른 균형 감각을 가지고 돌아보면 모두 굉장히 사소한 일들이었다는 사실을 깨달을 수 있다.**

마음이 슬픔에 억눌려 있을 때는 판단력을 잃게 된다. 깊이 생각해서 판단하지 못하고, 혼란스러운 문제들이 어떤 가치와 비중이 있는지 파악하지 못하기 때문에 몸은 깨어서 움직이고 있지만, 실제로는 모든 능력이 마비되어 악몽에 갇혀 있는 상태와 똑같다.

생각해 보라. 한쪽 편을 열정적으로 지지하는 사람에게는 균형 감각을 기대할 수 없다. 그는 자기편의 입장과 관점이 모두 선하고 옳으며, 반대편 입장과 관점은 모두 악하고 잘못되었다고 생각한다. 이렇게 편파성에 이성이 휘둘리기 때문에 아무리 이성적으로 해결해야 하는 문제를 만나도 그것을 단지 자신의 편견을 굳히는 데에 사용할 뿐, 양측에 존재하는 그 어떤 정당한 관계도 찾아내지 못한다. 자기편은 모두 옳고 상대편은 모두 틀렸다고 확신하는데 어떻게 공정하고 정의로운 판단을 내릴 수 있단 말인가? 애초에 불가능하다. **그가 생각하는 정의란 자기 생각이 관철되거나 자기편이 주도권을 잡는 일이다.**

인간은 균형 감각이 부족하고 사물들 사이에 올바른 관계를 제대로 보지 못하기 때문에 걱정하고 슬퍼하고 서로 다툰다. 혼란은 사물이 만들지 않는다. 사물을 해석하는 인간의 생각, 주관적 해석과 이기주의라는 악몽이 만든 비현실적인 결과물이다.

여기에서 한 가지 중요한 진리를 깨달을 수 있다. 대부분의 사람들에게 균형 감각이 없기에, 만약 당신이 내면의 균형 감각을 갖추게 된다면, 그 누구보다 뛰어난 판단력과 분별력, 그리고 현명함을 발휘할 수 있을 것이다. 이제부터는 당신과 타인, 당신과 외부의 사물, 당신과 당신을 둘러싼 환경에 대해 '나'의 눈이 아니라 '중재자'의 눈으로 바라보라. 그것이 바로 내면의 균형 감각을 갖는 방법이다. 만약에 당신이 내면의 균형 감각을 갖추면 분별력과 내면의 평온을 얻게 되며, 이는 당신이 원하는 삶에 도달하는 데 그 무엇보다 든든한 힘이 될 것이다.

진정으로 지금보다 나은 삶을 살고 싶고, **철저하게 자기 수도적으로 살고자 한다면 많은 사람이 가지고 있는 엄청난 착각, 즉 자기 행동의 실수가 전적으로 자기 탓은 아니라는 생각을 버려야 한다.** "다른 사람의 방해가 없었다면 나는 이보다는 훨씬 잘 해낼 수 있을 텐데." 혹은 "이런 성질이 나쁜 사람들과 있으니 발전하는 건 불가능하지."라는 말은 자신의 어리석음에 대한 책임이 타인에게 있다는 착각에서 비롯된다. 이것은 너무나 자명한 사실이어서 그 누구라도 금세 인지할 수 있다.

당신의 주변 사람들을 떠올려보라. 폭력적이거나 화를 잘 내는 사람은 자신의 화가 폭발하는 이유가 모두 주변 사람 때문이라고 말할 것이다. 늘 이런 망상 속에 살기 때문에 그의 경솔하고 불안정한 성격은 오히려 점점 강화된다. **자신의 약점이 전적으로 타인의 잘못 때문이라고 확신하는 사람이 어떻게 자신의 약점을 극복할 수 있겠는가? 아니, 극복하는 시늉이라도 할 수 있겠는가?** 게다가 이렇게 굳게 믿고 있으면 자신의 상황을 개선하기 위해 주변 사람들에게 점점 더 많은 분노를 표출하게 된다. 그러면 결국 자신이 불행한 진짜 원인이 무엇인지 완전히 파악할 수 없게 되어버린다.

사람의 모든 약점과 죄, 실패는 마음에서 비롯되기에 그 책임도 오롯이 자기 자신에게 있다. 물론 외부에도 유혹하고 도발하는 존재가 분명히 있다. 그러나 **내가 반응하지 않으면 모든 유혹과 도발은 힘을 잃는다.** 외부에서 아무런 도발이 없었다면 당신은 당연히 아무런 반응도 하지 않을 것이다. 마찬가지로 외부의 어떤 도발이 있다 해도 당신이 아무런 반응을 하지 않는다면, 아무 반응도 없을 것이다. '도발이 있음'과 '도발이 없음'은 동일한 효과를 촉발하므로, 도발 자체가 무의미해져서 힘을 잃고 만다.

유혹하고 도발하는 사람은 너무나 어리석을 뿐이다. 그런데 거기에 굴복하는 사람은 어리석음에 기꺼이 동조하는 셈이다. 그 사람 문제의 근원은 바로 나약하고 현명하지 못한 그 사람 내면에 있다. 이와 달리 현명한 사람은 자극받지 않는다.

모든 행동이 절대적으로 자신의 책임이라는 사실을 완전히 깨달은 사람은 유혹을 성장의 기회로 활용하며 타인의 잘못된 행동도 자신의 능력을 시험하는 도구로 여긴다.

소크라테스는 성질이 못된 아내를 자신의 인격을 성장시키기 위해 신이 보내준 선물로 여기고 감사했다. 성급한 사람과 살면 인내심을 기를 수 있고, 이기적인 사람과 살면 이타심을 배울 수 있다. 이 사실은 매우 단순하고 이해하기 쉬운 진리이다. **성급한 사람 때문에 성급해지고, 이기적인 사람 때문에 이기적이 된다면 그 사람 자체가 원래 성급하고 이기적인 사람인 것이다.**

한 사람을 시험하고 판단할 수 있는 척도는 시련이다. 금이나 귀한 원석처럼 사람의 내면도 두드리고 깎으면 더 밝은 빛을 낸다. 누군가 자신은 긍정적이라고 생각하면서 정작 부정적인 상황에 맞닥뜨렸을 때 굴복한다면, 스스로를 속인 셈이며 아직 긍정적인 생각들을 전혀 체화하지 못한 상태이다.

당신이 진정으로 지금과는 다른 삶을 살고자 마음먹었다면, '다른 사람 때문에 방해받고 있다.'는 나약하고 어리석은 생각을 멈추고, 방해하는 존재는 오직 자기 자신 뿐이라는 사실을 인정해야 한다.

도저히 극복할 수 없다고 생각하는 바로 그 장애물이 당신의 잠재력과 책임을 깨닫는 가장 중요한 도구가 될 수 있다. 자신의 잘못된 행동을 남의 탓으로 돌리는 습관을 끊고 모든 상황에서 굳건하게 서라. 다른 사람 때문에 저지른 일이라고 느꼈던 많은 일이 사실은 자기가 불러온 일이라는 사실을 직시하라. 당신이 내면의 혼란을 뛰어넘으면 더 이상 다른 사람과 연관된 혼란스러운 온갖 일을 겪을 필요가 없어진다.

4부

단단한 마음의
규칙을 만들어라

사람은 자신을 통제하는 만큼
행복하고 현명하고 위대해진다.

동물적 본성이
생각과 행동을 지배하도록 허용하는 만큼
비참하고 아둔하고 초라해진다.

나 자신을 통제할 때
왜 더 행복해지는가

당신의 정신적 에너지가 매번 저항이 가장 적은 길을 따라가거나 쉬운 경로로만 흘러가는가? 그렇다면 당신은 현재 나약한 상태이다. 이와 달리 자신의 에너지가 인생의 최우선 과제에 집중되어 있거나 힘든 방향으로 흘러가고 있다면, 그 에너지는 당신의 능력이 될 것이다. 이렇게 에너지를 집중시키고 능력을 얻는 일은 자기통제라는 수단을 통해 이루어진다.

자기통제는 오해하기 쉬운 주제이다. **사람들은 흔히 자기통제를 '억압'과 관련되어 있다고 생각하지만, 그건 완벽한 착각이다.** 자기통제의 과정은 죽음의 과정이 아니라 삶의 과정이다. 자기통제의 과정을 거치면 나약한 것이 강한 것으로, 열등한 것이 우등한 것으로, 비열한 것이 고결한 것으로 바뀌는 놀라운 변화가 일어난다.

그 어떠한 목적도 없이 다른 사람들에게 자신의 진짜 본성을 은폐하고 숨기는 데만 급급한 일은 자기통제가 아니다. 그것은 위선이다. 기계공은 석탄을 가스로, 물을 증기로 변환시켜 만든 강한 힘을 사람들의 안락과 편의를 위해 제공한다. 마찬가지로 자기통제를 현명하게 실천하는 사람은 석탄을 증기로 변환시키듯 자신의 열등한 성향을 높은 수준의 힘으로 만들어 자신과 세상의 행복을 증대시키는 데 사용한다.

사람은 자신을 통제하는 만큼 행복하고 현명하고 위대해진다. 동물적 본성이 생각과 행동을 지배하도록 허용하는 만큼 비참하고 아둔하고 초라해진다.

우주에서 에너지는 변형될 뿐 소멸되지 않는다. 오래 가지고 있던 나쁜 습관을 버리면 새롭고 더 좋은 습관을 얻는 '기회'가 생긴다. 쇄신은 그동안 해왔던 것들을 먼저 포기해야 함을 의미한다. 꽃을 피우려면 씨앗이 죽어야 한다. 유충의 모습이 사라져야 잠자리가 될 수 있다.

변화는 즉각적으로 나타나지 않으며 즐겁거나 쉬운 과정도 아니다. 인간은 성장의 대가로 자연에게 노력과 인내라는 화폐를 지불해야 한다. 성장하는 과정 중에서 거두는 모든 승리에는 분투와 고통이 수반된다. 그러나 분투와 고통의 과정을 거치고 나면 결국은 승리를 거두게 된다. 이렇게 거둔 승리는 오래도록 지속된다. 분투의 시간은 반드시 지나가고, 고통은 일시적으로 나타날 뿐이다. 오랫동안 사용해 습관화되어 버린 정신적 방해물을 무너뜨리고, 더욱 우수한 자질과 성공이라는 결과를 만들어내려면 **고통스러운 탈바꿈 과정, 즉 암흑의 과도기를 거쳐야만 한다. 이 시기를 통과하려면 인내와 끈기가 필요하다. 그리고 그 과정은 좋은 것이다. 너무 많은 사람이 바로 이 지점에서 실패를 겪는다.** 너무 어렵고 힘들다는 이유로 사람들은 예전의 생활로 다시 돌아가고 자기통제를 포기한다. 그리하여 그들은 영원한 행복에 이르지 못하고, 부정적인 것들에 맞서 위대한 성취를 이루는 삶이 어떠한지 영원히 알 수 없게 된다.

자기통제와 행복이 얼마나 밀접한 관련이 있는지 알고 싶다면, 당신의 내면과 당신의 세계를 주의 깊게 살펴보라. 당신이 통제하지 못한 기질이 당신의 기쁨을 파괴했던 모든 결과들을 떠올려보라. 또한 다른 사람들의 삶을 들여다보라. 경솔한 말, 신랄한 반박, 기만적인 행위, 맹목적인 편견, 어리석은 분노가 어떤 방식으로 불행을 초래하고 심지어 파멸까지 불러오는지 다시 한번 깨닫게 될 것이다.

누구나 자기통제를 하지 못해서 극심한 고통을 겪었던 시기들이 있다. 후회하느라 낭비한 시간과 걱정과 불안으로 잠을 못 이룬 밤들, 슬픔에 짓눌려 살았던 나날들이 말이다. 그러나 자기통제를 할 수 있게 되면 이 모든 것들은 사라질 것이다. 새로운 상황이 펼쳐질 때, 당신은 불안함보다는 설렘을 느낄 수 있다. 스스로 행복한 결말을 위해서 이전까지는 사용하지 않던 현명한 정신적 도구들을 사용하기 때문이다. 그릇된 행동을 하지 않으면 회한이 생기지 않는다. 이기심이 사라지면 걱정이 없어진다. 자신의 신념이 행동의 근거가 되기 때문에 아쉬움도 사라진다.

물론 불안정한 성급함과 이기적인 욕망으로 얻는 것도 있다. 그런데 무엇이든 차분함과 절제를 통해서 더 충만하게 얻을 수 있다. 자연은 서두르는 법이 없다. 적절한 때가 되면 모든 것이 완전해진다. 성급함과 분노보다 더 쓸모없는 정신 상태는 없다.

상황과 사물에 명령할 수 없으나 자기 자신에게는 명령할 수 있다는 사실을 기억하라. 다른 사람들의 의지를 강제할 수 없으나, 자신의 의지에는 영향을 미칠 수 있고 통제할 수도 있다는 사실을 깨우쳐야 한다. 그리고 사람들은 자기 자신을 통제할 줄 아는 사람의 조언을 받으려 한다.

타인이나 상황을 다스리려고 하기 전에 자기를 다스리는 법을 먼저 배워야 한다는 사실은 공자의 도덕적·정치적 가르침의 근본 원리이기도 하다. 압박을 받을 때마다 병적으로 의심하거나 원한을 품거나 분노를 터뜨리는 사람은 막중한 책임과 숭고한 의무를 감당하기에 부적합하다. 가정을 돌보거나 사업을 경영하는 것처럼 일상적인 일도 머지않아 실패하게 된다. 자기통제가 부족하다는 사실은 어리석음을 의미하며, 어리석음은 현명함보다 우월할 수 없다.

　자기통제를 실천하는 삶은 결핍만 가득한 불모지 같거나 황무지처럼 단조롭고 지루하지 않다. 자기통제의 삶에서 '포기'는 불가피하다. 그러나 여기서 의미하는 포기는 자신의 순수한 열망에 기반해서 성공하기 위한 선택이며, 덧없고 부정적인 것들을 그만두는 일이다. 즉, 자신을 통제하며 산다고 해서 즐거움이 차단되지는 않는다. 오히려 더 강화되고 증대된다. 즐거움은 그대로 남아 있다. 단지 즐거움에 대한 노예 같은 욕망이 소멸할 뿐이다.

　자신을 통제하는 사람은 단순히 천박한 쾌락만이 아니라 쾌락에 대한 갈망까지 포기한다. 그가 걸음을 내디딜 때마다 새로운 아름다움, 더 나은 행복, 더 숭고한 미래가 그를 기다리고 있다.

　나는 사기통제에 숨은 의미를 발견하고는 경탄했고, 그것이 가진 무한한 가능성에 매료되었다. 자기를 통제하는 삶이 얼마나 장엄할지 내다보고 환희를 느꼈다.

　자기통제의 길을 일부만 여행하더라도 힘을 얻고 성공을 거두게 될 것이며, 어리석은 사람이나 경솔한 사람은 알 수 없는 기쁨을 맛보게 될 것이다.

'자기통제'의 놀라운 위력

 우리는 과학을 믿는 시대에 살고 있다. 수많은 과학자가 새로운 사실을 발견하고 지식을 확장하기 위해 끊임없이 탐구하고 분석하며 실험한다. 모든 도서관의 서가에는 과학을 주제로 한 인상적인 책들이 가득 쌓여 있다. 현대 과학이 이뤄낸 놀라운 성취는 집과 거리, 시골과 도시, 육지와 바다를 막론하고 세계 어디에서나 쉽게 확인할 수 있다. 편리함을 더해주고 작업 속도를 높여주며 인간의 수고를 줄여주는 그 성취를 인류는 앞으로 더욱 많이 누리게 될 것이다.
 그런데 과학적 지식이 점점 방대해지고 놀라운 발견과 발명이 빠르게 늘어나는 이 시대에 사람들이 거의 잊어버렸을 정도로 쇠퇴해 버린 과학 분야가 있다. 그 분야는 다른 모든 과학을 합친 것보다 훨씬 중요하다. 그 과학이 없다면 다른 모든 과학은 이기적인 목적으로만 사용되어 결국 인류의 파멸을 촉진할 수 있기 때문이다. 나는 그 과학을 '자기통제의 과학'이라고 부른다.

현대 과학자들은 외부에 존재하는 요소와 힘을 통제하고 활용하기 위해 외부 세계를 연구한다. 반면에 고대인들은 내면에 존재하는 요소와 힘을 통제하고 활용하기 위해 내면세계를 연구했다. 그 결과 내면세계에 대한 통찰을 지닌 위대한 정신적 지도자들을 배출해 냈다.

외적인 자연의 힘을 이해하고 지배하는 사람이 자연과학자라면, 내적인 마음의 힘을 이해하고 지배하는 사람은 정신과학자이다. 그리고 외적인 현상에 작용하는 법칙은 내적 현상에도 동일하게 작용한다.

사람은 몇 주나 몇 달 동안 노력한다고 해서 뛰어난 과학자가 될 수 없다. 적어도 수년, 수십 년간 공들여 연구하고 나서야 비로소 권위를 가지게 되며 과학의 대가들 사이에 나란히 설 수 있다. 자기통제도 마찬가지다. 자기통제력을 얻고 그것이 주는 지혜를 체득하려면, 수년간의 끈기 있는 노력이 필요하다. **이 노력은 침묵 속에서 이루어지며 다른 사람들이 알아주거나 인정해 주지 않기 때문에 더욱 힘겨울 수밖에 없다.** 그러므로 자신이 원하는 삶을 현실로 이뤄내는 성공을 추구하는 사람은 홀로 서는 법, 외적 보상

없이도 노력하는 법을 터득해야 한다.

자연과학자는 자연과학 지식을 습득하기 위해 다음의 다섯 단계를 순차적으로 수행한다.

1. 관찰: 자연현상을 지속해서 면밀하게 관찰한다.
2. 실험: 반복적인 관찰을 통해 알게 된 특정 사실들을 토대로 자연의 법칙을 발견하기 위한 실험을 진행한다. 관찰한 내용과 실험한 내용을 철저하게 분석하여 쓸모없는 정보와 가치 있는 정보를 구분한 뒤, 전자는 버리고 후자만 보관한다.
3. 분류: 수많은 관찰과 실험을 통해 많은 사실을 모으고 검증한 다음, 그 사실을 분류하는 작업에 돌입한다. 즉, 이 모든 사실들을 관통하는 기본 법칙이나, 하나로 통합할 수 있는 숨은 원리를 발견하기 위해 체계적으로 배열하고 분류한다.
4. 추론: 지금까지의 과정을 통해 얻은 사실과 결과로부터 변하지 않는 '특정한 작동 방식'을 발견하고, 이를 통해 숨어 있던 '사물의 법칙'을 밝혀낸다.
5. 지식: '특정한 법칙'을 증명하고 확립하고 나면, 비로소 그 법칙과 현상을 알고 있다고 말할 수 있다. 그는 과학자이며 지식인이다.

과학적 지식을 획득하는 일은 대단하지만 그것으로 끝이 아니다. 과학자들이 지식을 획득하는 이유는 자기만을 위해서가 아니다. 어두운 상자 속에 보관한 귀중한 보석처럼 자신의 마음에 은밀하게 간직하기 위해서가 아니다. 과학적 지식을 획득하는 목적은 그 지식을 사용하고 제공하여 사회와 산업, 더 나아가 인류 발전에 기여하기 위해서다. 그래서 지식 단계를 넘어가면 '활용'이라는 단계가 존재한다. 이 단계는 획득한 지식을 이타적으로 올바르게 사용하는 단계이자 공공의 이익에 부합하는 발명을 하기 위해 다시 그 지식을 적용하는 과정을 거친다.

위에서 열거한 다섯 단계는 순차적으로 이루어져야 하며, 그중 어느 하나라도 생략하는 사람은 과학자가 될 수 없다.

정신과학자도 자기 이해와 자기통제를 달성하기 위해서는 자연과학자와 마찬가지로 다섯 단계를 점진적으로 밟아나가야 한다. 다만 이 다섯 단계는 자연과학자가 수행하는 단계와 동일하지만, 그 방향이 반대이다. 즉, 외부 사물에 집중하는 대신 자기 자신에게 집중하고, 물질 영역을 조사하는 대신 연구자 자신의 내면을 들여다본다.

정신에 관한 지식을 추구하는 사람은 그가 하는 모든 행동의 기초이자 자신의 마음 그 자체를 드러내는 욕망, 격정, 감정, 신념, 관념을 먼저 직면하게 된다. 이때 눈에 보이지 않지만 강력한 내적 힘들의 조합인 마음이 다소 혼란스럽게 느껴진다. 그 힘들 가운데 일부는 조화를 이룰 기미도 없이, 서로 완전히 대립 관계에 놓여 있는 것처럼 보인다. 또 자신의 마음 전체와 거기에서 기인한 자신의 삶 역시, 다른 사람의 마음이나 삶과 마찬가지로 공정한 관계에 놓여 있지 않는 것 같다. 그의 마음속에는 전체적으로 고통스럽고 혼란스러운 상태가 존재한다. 그러므로 정신과학자는 자신의 무지에 대한 통렬한 인식에서 탐구를 시작한다.

자신은 결코 무지하지 않으며 지적인 사람이라고 생각하거나, 자신이 무지하다는 사실 자체를 인지하지 못하는 사람은 결코 내면과 정신에 관한 지식을 얻을 수 없다. 그래서 사회적으로 남들에게 인정받는 위치에 있거나, 그 사회가 인정하는 좋은 직업을 지닌 사람이라고 하더라도 악한 인격, 분노, 질투와 시기심, 상대적 박탈감, 타인에 대한 무시, 허영심, 선민의식에 빠져 불행한 삶을 사는 경우가 많다.

자신의 무지에 대한 통렬한 인식이 있어야 내면의 지식을 알고자 하는 욕구가 솟아난다. 자기통제를 시작하려는 초심자는 다음의 다섯 단계를 통해 자기통제 능력을 향상하는 길에 들어서게 된다.

1. 자기 성찰: 이 단계는 자연과학자의 관찰 단계와 일치한다. '정신의 눈'이 마음의 구성 요소들을 손전등처럼 비추며 끊임없이 미묘하게 변화하는 마음 작용을 주의 깊게 관찰하고 주목한다. 지금까지는 단지 사물과 환경을 주인처럼 생각하며 자신은 그것들에 휘둘리거나 본성의 충동이 이끄는 대로 의

미 없이 살아왔지만 이제는 자신의 충동을 스스로 억제하고, 통제당하는 대신 통제하기 시작한다.

2. 자기 분석: 마음의 성향들을 관찰한 다음에는 관찰한 내용을 면밀하게 조사하고 분석한다. 고통스러운 결과를 낳는 악한 성향은 평화로운 결과를 낳는 선한 성향과 따로 떼어 분리한다. 그리하여 자신이 특정 행동을 하게 만드는 다양한 성향들과 그러한 행동을 하게 되면 항상 발생하는 결과에 대해 점차 이해하게 된다. 마침내 그는 마음의 미묘한 상호작용과 파급효과도 이해하게 된다. 이 단계는 자연과학에서 검증을 거치는 과정과 같다. 탐구자 자신이 자신을 검증하고 검증받는 단계이다.

3. 순응: 이 단계에 도달하면 정신과학을 탐구하는 사람은 자기 본성의 모든 성향과 측면을 비롯해 마음속 가장 깊은 곳에 있는 충동과 아주 미묘한 동기들까지 알게 된다. 마음속에 자기 성찰의 빛이 닿지 않은 영역은 이제 더는 존재하지 않는다. 이제 자신의 나약하고 이기적인 모든 특성, 강하고 고결한 모든 특성까지도 잘 알고 있다.

다른 사람을 보는 것처럼 자신을 볼 수 있는 사람은 굉장히 높은 단계에 도달한 사람이지만, 자기통제를 실천한다면 그보다 더 높은 경지에 도달한 사람이다. 그가 다른 사람이 보는 것처럼 자신을 바라볼 뿐만 아니라 있는 그대로의 자기 자신을 보기 때문이다. 그리하여 그 자신은 어떤 은밀한 잘못이 있더라도 감추거나 외면하려 애쓰지 않고 스스로와 직접 대면한다. 이 단계는 제거하고, 선별하고, 정비하는 과정이다. 농부가 농작물을 키우기 위해 잡초를 뽑고 돌을 골라내고 땅을 정비하는 것처럼, 자신이 원하는 삶의 모습을 실현하는 데 혼란을 겪지 않기 위해 자기 마음속에 있는 잡초를 제거하고 마음을 깨끗하게 정비한다. 그다음은 비로소 '행동'이라는 씨앗을 뿌리는 단계이다.

4. 정의: 이제 이 법칙들이 하나의 위대한 법칙에 수렴하고 있음을 깨닫는다. **이 중심 법칙은 자연계에 존재하는 중력의 법칙처럼, 정신세계에 작용하는 최상위 법칙이자 보편적인 법칙이다.** 모든 생각과 행위는 이 법칙에 종속되며, 이 법칙을 통해 적절하게 유지된다. 그는 이제 이 법칙에 순응한다. 외부의 온갖 자극들이 내면에 들어와 흥미를 유발하는 대로 맹목적으로 생각하고 행동하는 대신, 자기 생각과 행동을 이 중심 원리에 맞춘다. 더는 자신의 본성과 환경 탓만 하는 비천한 노예로 살아가지 않고, 자신의 본성과 상황의 주인이 되고자 한다. 이제 마음속의 힘들이 이끄는 대로 이리저리 끌려다니지 않는다. 오히려 그러한 힘들을 자신의 목적을 달성하는 데 사용한다.

5. 순수한 지식: 올바르게 생각하고 그것을 행동으로 옮기면서

법칙의 존재를 자기 경험으로 검증한다. 이처럼 자기통제를 완성하는 사람은 세속적인 지혜가 아닌 소위 '신성한 지식'을 얻게 되는데, 이때 자연과학자와 마찬가지로 정신에 대해 '알고 있다'고 말할 수 있는 수준에 도달한다.

올바른 신념을 세우고, 그 신념을 고수하라

 삶의 모든 부정적인 생각들에 맞서 굴복하지 않고 용감하게 싸우는 사람에게는 위대한 승리가 보장된다. 이 사실을 처음부터 명시하는 이유가 있다. 이는 독자들에게 틀림없이 성취될 수 있다는 사실을 강하게 알리기 위해서다.
 지금부터는 당신이 원하는 삶, 즉 성공한 삶을 구축하는 데 필요한 인격과 행동이 무엇인지 말하고자 한다.
 사람들은 인생이라는 학교에 다니는 학생이며, 대부분은 학생인 상태로 죽음을 맞이한다. 그러나 자기 삶의 목적을 확고히 하고 어둠, 고통, 무지에 맞서 격렬하게 싸워낸 결과, 학생 단계에서 다음 단계로 넘어가는 사람들도 있다. 잘못된 생각과 어리석은 생각에 빠져 영원히 학생 신분으로 이 세상에 머물러서는 안 된다. 사람은 자신이 원할 때 원하는 것에 마음을 집중할 수 있고, 삶의 교훈에 통달할 수 있다. 이 과정을 거치면 자신감 넘치는 숙련된 학자의 단계에 도달하게 되며, 무지와 고통이 아닌 이해와 평화 속에서 살아가게 된다.

  삶의 슬픔은 누구에게나 매우 강하고 깊게 뿌리내리고 있지만, 잘 파악해서 근절할 수 있다. 열정과 감정이라는 인간의 본성이 제어되지 않으면 결국 사람을 압도해서 고통스러운 갈등을 초래한다. 삶의 어려움은 거대하고, 삶의 분투는 치열하며, 원하는 결과는 불분명하고 달성하기도 어렵다. 그러다 보니 사람들은 매 순간 중압감에 눌려 무너진다. 그러나 이러한 상황들은 절대 객관적으로 생기지 않는다. 삶의 슬픔은 본질적으로 주관적이고 순전히 정신적이기에 노력하면 초월할 수 있다. 보편적 법칙이 다스리는 우주에 원래부터 존재했거나 영속하는 것들은 없으며, 인간의 마음은 이러한 부정적인 생각들이 완전히 도달할 수 없는 높은 경지까지 향상될 수 있다.

  성공을 위해 굳건하고 흔들리지 않는 마음을 지니고자 하는 사람이라면 삶이 본질적으로 긍정적이라는 사실을 의심하지 마라. 우주의 절대 질서에 따라 행복함을 누리고자 하면, 스스로 창조한 것 외에 자신의 삶 속에 무질서는 존재할 수 없다는 사실을 깨달아야 한다. 물론 이러한 사실을 이해하기가 결코 쉽지 않기 때문에 불완전한 마음 상태에서는 '자기 연민'과 '자기 정당화'에 빠지기 쉽다. 그러나 이 깨달음은 단지 어려울 뿐, 인간이라면 단 한 명도 예외 없이 누구나 얻을 수 있다. 특히 자유로운 삶을 살고자 하는 사람이라면 반드시 이 사실을 기억해 두라.

이것을 깨닫는 방법은 두 가지가 있는데 사실 굉장히 간단하다. 우선 처음에는 이 사실을 의심 없이 믿어서 자기 신념으로 만들어야 한다. 그다음에는 이제 깨달음을 얻고 지식으로 무르익을 때까지 그 신념을 고수하면 된다.

당신이 겪는 삶의 고통을 성공하기 위한 필수 훈련으로 받아들여라. 그러면 고통이 크게 줄어든다. 신념이 있는 사람들은 고통을 그렇게 받아들인다. 모든 경험을 유익하고 좋다고 여기고 자신의 성장을 위해 활용하면, 삶의 고통은 없앨 수 있다. 깨달음을 얻고 성공을 성취해 낸 사람들은 모든 경험을 그렇게 여기고, 고통을 활용한다.

신념은 더할 나위 없이 좋은 날이 시작되기 전에 찾아오는 어두컴컴한 새벽 여명과 같다. 신념이 없으면 안정감 있는 마음의 힘을 얻을 수 없다. 신념이 있는 사람은 어려움이 생겨도 굴복하지 않고, 고난이 닥쳐도 절망하지 않는다. 가야 할 길이 아무리 가파르고 어두워 보이더라도, 앞으로 나타날 더 밝은 길을 기대하며 저 너머 빛나고 있는 목적지를 바라본다.

삶의 전투에서 패배하고 굴복하는 사람들은 다른 사람 때문에 겪은 부당한 대우에 대해 경솔하게 이야기한다. 주변 사람들의 배신과 악행이 없었다면 자신이 성공했거나 부유해졌거나 유명해졌을 거라고 믿는다. 그래서 다른 사람들도 그렇게 믿게 하려고 어떻게 기만당하고 모멸당했는지 수없이 말한다. 또한 자신은 믿음직하고 순수하고 정직하고 선한 성품을 지닌 존재이지만, 대부분의 사람은 나쁘고 사악한 존재이며, 자기가 다른 사람들처럼 이기적이었다면 다른 사람들처럼 번영하고 명예로워졌을 거라고 이야기한다. 지극히 이타적인 본성을 지니고 태어난 자체가 자신이 실패한 주요 원인이자 큰 문제점이라고 말이다.

이렇게 자화자찬하며 불평하는 사람들은 긍정적인 것과 부정적인 것을 구별하지 못하며 인간의 본질과 우주의 절대 법칙에 대해 이해하지도 못하며, 이해하려는 마음도 없다. 다른 사람에게서는 부정적인 짐만 발견하고, 자기 자신은 괴롭힘을 당하는 무고한 존재로 여긴다. **자기 내면에 있는 부정적인 생각들을 발견하는 대신에 모든 인류가 악하다고 생각한다.** 이런 자들은 비열한 마음을 자기 삶의 주인으로 모시고, 삶에서 언제나 부정적인 것들이 승리하는 이기적인 쟁탈전을 본다. 어리석음과 무지, 나약함으로 눈이 어두워져서 **자기 운명에서는 불공평한 부분만 보고 현재 주어진 상황에서는 비참함과 고통만 본다.**

어쩌면 당신의 눈에는 세상이 악하게 보일지도 모른다. 악한 사람은 성공하는데 선한 사람은 실패하는 것처럼 보일 수도 있다.

이 세상에는 우연과 불의, 무질서만 존재하는 것처럼 느껴질 수도 있다. 그러나 이러한 생각은 실체가 없는 망상이다. 이러한 이야기들을 믿지 마라. 여전히 그렇게 보인다면 오직 나 자신이 삶을 있는 그대로 바라보지 못할 뿐이며 아직 원인이 무엇인지 파악하지 못해서라고 결론을 내려라. 긍정적인 마음과 더 현명한 생각으로 삶을 바라보게 되면, 삶은 결국 인과법칙에 따라 공평하게 펼쳐지는 공간이라는 사실을 이해하게 될 것이다. 진정으로 삶을 그렇게 바라보게 되면, 악, 무질서, 불의가 두드러져 보이는 곳에서 선, 질서, 정의를 발견하게 될 것이다.

우주는 무질서와 혼돈이 아닌 질서와 조화로 이루어져 있으며, 이러한 우주에서 악한 사람은 번영할 수 없다. 실제로 세상에는 수많은 악이 존재한다. 그렇지 않았다면 도덕이나 윤리가 필요하지도 않았을 것이다. 세상에는 수많은 불행이 존재한다. 이러한 악과 불행은 원인과 결과로써 연관되어 있다. 마찬가지로 세상에는 무수한 선과 지속적인 행복이 존재하며, 선과 행복도 원인과 결과로써 연결되어 있다.

당신이 긍정적인 생각들의 힘과 우월성에 대한 신념을 지닌 사람이라 할지라도 당신이 세운 모든 계획을 성공시키지는 못할 수 있고, 수많은 실패를 겪을 수도 있다. 다만 **당신은 처음에 꿈꾸던 것보다 더 큰 성공을 이루기 위해서만 실패할 것이다.** 당신의 삶은 절대로 실패하지 않을 것이고 실패할 수도 없다. 물론 **일부 사소한**

일에서 실패를 겪을 수도 있지만, 이 실패는 전적으로 더 강하고 완전해지도록 '당신의 인격과 일부 사건들로 이루어진 사슬'의 약한 고리를 끊어내는 도구일 뿐이다.

인간의 견해는 새로운 생각의 바람이 불어올 때마다 시시각각 변화하기 때문에 가볍게 여겨야 한다. 그 견해들은 실제 사물이나 상황과 거의 관련이 없으며, 표면에 생긴 거품에 불과하다. 다만 그렇다고 이를 간과해서는 안 된다. 모든 견해의 이면에는 그 견해와 동일한 '마음'이 존재하기 때문이다.

그러므로 **당신 마음속에 있는 신념의 등불을 밝혀라. 그리고 신념의 등불이 비추는 빛을 따라 어둠 속을 걸어가라.** 그 빛은 희미해서 태양과 같은 진리의 광채와는 비교할 수 없겠지만, **의심이라는 안개와 절망으로 점철된 암흑 속에서 당신을 지켜줄 것이다.** 또 질병과 슬픔이라는 좁은 가시밭길을 지나 유혹과 불확실성이라는 위험한 장소를 무사히 건너도록 도와줄 것이다.

당신의 강인한 그 신념은 마음의 정글에서 더는 등불이 필요하지 않은 삶의 너른 평원을 지나 성공의 높은 언덕까지 안전하게 도달하게 해줄 것이다. 모든 어둠, 즉 모든 의심, 오류, 슬픔에 휘둘리는 마음을 완전히 멈추게 함으로써 당신이 새로운 의식과 더 고결한 삶의 단계로 들어서게 도와줄 것이다.

'사소한 체계'가
성공과 실패를 가른다

 삶을 성공적이고 행복하게 만들려면 자신만의 견고한 체계를 세워야 한다. 먼저 일상의 작은 일부터 소홀히 하지 말고 세심하게 주의를 기울여라. 무엇보다 기상 시간과 수면 시간, 휴식 시간 등을 일정하게 하라. 규칙적인 생활은 당신이 생각하는 것보다 훨씬 더 중요하다.
 인간에게 식사는 단지 영양분을 섭취하는 행위가 아니다. 식사가 규칙적인지 불규칙적인지, 음식을 가려먹는지 함부로 먹는지에 따라 소화 기능이 결정되는데, 소화가 잘 안 되면 짜증이 날 수 있고, 반대로 잘되면 마음이 편안해질 수도 있다. 이러한 기분과 마음 상태는 긍정적인 에너지를 만들어내기도 하고, 반대로 부정적인 에너지를 뿜어내기도 한다.

반복되는 일상에서 마찰을 최소화하려면 사소해 보이는 일에 주의를 기울여야 한다. 일과 여가를 구별하여 시간을 잘 배분하고, 일의 모든 세부 사항을 체계적으로 정리하고, 조용히 혼자 생각해야 할 때와 효율적으로 활동할 때를 알고, 먹을 때와 금식할 때를 구별하는 등 일상적인 일에서 자기만의 체계를 잡아야 한다. 안정된 하루하루가 쌓이면 자연스럽게 영향력 있는 삶, 행복한 삶을 살아가게 된다.

그러나 이 모든 것은 당신이라는 존재와 당신의 삶을 아우르는 포괄적인 체계의 시작에 불과하다. 자신만의 체계, 즉 '일상에서의 질서와 논리적 일관성'이 도대체 왜 필요할까? 일상이 당신의 생각을 만들기 때문이다. 또 생각은 말과 행동으로 확장되는데, 이때 사소한 체계는 당신의 어리석음을 현명함으로, 나약함을 고결한 능력으로 바꿀 수 있게 해주기 때문이다. 궁극적으로는 마음의 질서가 확립되고 당신 내면의 모든 요소가 조화롭게 균형을 이루어 최고의 지혜와 효율성과 최선의 행복에 다다르도록 해준다.

만약 당신이 바로 이 '궁극의 목적'에 이르고자 한다면 처음부터 시작해야 한다. 인생의 가장 작은 것부터 체계를 잡고, 목표를 이룰 때까지 한 단계 한 단계 밟아나가야 한다. 그 과정에서 각 단계마다 특별한 능력과 힘을 가지는 경험을 스스로 할 수 있다.

결국 자신만의 견고한 체계를 세워서 능력과 효율성을 얻어야 당신의 삶이 원활해진다. 특히 '절제'는 당신의 내면에 적용되는 체계이다. 이로써 영향력과 행복을 얻고 마음은 평온해진다. **체계는 규칙에 따라 일하는 자체이다. 절제는 규칙에 따라 사는 일이다. 그러나 생각해 보라. 일과 삶이 분리될 수 있는가? 분리될 수 없다. 일과 삶은 인격의 두 측면인 동시에 삶의 두 측면이다.**

그러므로 질서 있게 일하고, 정확하게 말하며, 논리적으로 생각하라. 이러한 삶은 무질서하게 일하고, 부정확하게 말하며, 혼란스럽게 생각하는 삶과 엄청난 차이가 날 수밖에 없다. 이는 인과법칙에 따라 너무나 자명한 진리이다. 당신의 성공과 실패, 당신 내면의 조화와 부조화, 당신 삶의 행복과 불행은 아주 작은 당신만의 견고한 체계에 달려 있다.

선한 마음보다
더 좋은 방패는 없다

　어릴 때 아무리 듣고 또 들어도 질리지 않는 추억의 동화가 있었는가? 위기의 순간마다 교활한 마녀나 잔혹한 거인, 사악한 왕이 꾸민 음모로부터 항상 보호받는 착한 소년과 소녀의 운명에 관한 이야기에 우리는 얼마나 빠져들어 귀 기울였던가! 어린 시절에는 주인공의 운명에 대해 불안해하지 않았고, 주인공이 결국 모든 적에 맞서 승리를 거둘 거라고 확신했다. 왜냐하면 요정들은 절대 실수하지 않으며 선과 진리를 위해 자신을 희생한 이들을 방관하거나 무시하지 않는다는 사실을 잘 알고 있었기 때문이다.

　동화 속에서 마침내 결정적인 순간, 요정이 모든 마법을 동원해 어둠과 고통을 전부 몰아내고 주인공들의 소원을 모두 이루어주고 난 뒤에 주인공들이 '오래오래 행복하게 살았습니다.'라는 결말이 나오면 말로 다 할 수 없이 기뻤다.

그러나 세월이 흘러서 소위 말하는 '현실'과 더 밀접한 관계를 맺으면서 우리의 아름다운 동화 속 세계는 자연스레 기억 속에서 사라져갔다. 동화 속에 살던 멋진 등장인물들은 실체 없는 비현실적인 존재로 치부되고 말았다.

사람들은 어린 시절에 꿈꾸던 세계를 영원히 떠남으로써 지혜로워지고 강해진다고 생각한다. 그러나 놀라운 지혜의 세계를 만난 다음에 돌아보면 동화가 결국 현실이었다는 사실을 깨닫게 된다.

선한 마음보다 탁월하게 스스로를 보호할 수 있는 수단은 없다. 여기서 말하는 '선한 마음'은 도덕 법칙에 순응하는 태도가 아니라 고귀한 열망과 허영심으로부터의 자유를 의미한다. 선한 생각을 계속 유지하게 되면 내적으로 생기가 넘치며, 그 에너지에 접속하는 모든 사람이 영향을 받게 된다.

고요함이 인생을 바꾼다

　세상에서 가장 강력한 힘 중 하나가 바로 고요함이다. 다만 그 힘을 올바른 방향으로 사용하면 좋은 결과를 가져오지만, 그릇된 방향으로 사용하면 해로운 결과만 가져올 뿐이다. 증기나 전기와 같은 물리적인 힘에도 이 원리는 똑같이 적용된다.

　사람들은 이 원리가 정신의 영역에까지 동일하게 적용된다는 사실을 잘 모른다. 모든 힘들 중에서도 가장 강력한 고요한 힘은 바로 '생각'이다. 생각은 지금도 끊임없이 만들어지고 방출되고 있다. 생각은 한 사람의 인생을 살려낼 수도, 반대로 완전히 파멸시킬 수도 있다.

　모든 것을 정복할 수 있는 이 힘은 만물을 발현시킨다. 우주는 생각으로부터 생겨났다. 물질의 구성 요소를 끝까지 분석하다 보면 물질이란 결국 생각이 물화된 것에 불과하다는 사실이 드러난다. 인간의 모든 업적은 생각으로 먼저 형성된 후에 구체화되었다. 작가, 발명가, 건축가는 가장 먼저 머릿속으로 작품을 구상한다. 생각 차원에서 완벽하고 조화로운 작품을 완성하고 나서야 물질 차원이나 감각 차원으로 옮겨가 구체화시킨다.

생각이 우주를 지배하는 법칙과 조화를 이루는 방향이면 건설적이고 보존적인 힘으로 사용된다. 하지만 그릇된 방향이면 다른 것을 붕괴시키거나 자기를 파괴하는 힘으로 작용한다.

지혜롭게 자기통제를 실천하면 생각의 힘을 빠르게 이해하게 되고, 결국 그 힘을 올바르게 사용하고 관리할 수 있게 된다. 그러면 정신적인 힘에 통제당하는 대신 통제할 수 있고, 그 힘을 통제하는 만큼 자신의 일과 외부 상황을 다스릴 수 있게 된다.

당신의 삶에서 **성공과 유능함, 힘을 가져오고 싶다면 그 전에** 반드시 해야 할 일이 있다. 바로 차분함과 평정심으로 **생각의 힘을 기르는 방법을 배워야 한다.** 당신이 사업가라면 갑자기 감당하기 힘든 어려움에 직면하거나 예측할 수 없는 거대한 문제를 만날 수 있다. 이때 두려움과 걱정이 점점 커지면 어찌할 바를 모르게 된다. 이런 정신 상태를 계속 유지하면 매우 위험해진다. **걱정은 올바른 판단을 내리지 못하도록 방해하기 때문이다.**

생각의 힘을 기르려면 이른 아침이나 저녁에 한두 시간 정도 조용한 시간을 마련하라. 혼자만의 장소나 집 안에서 아무런 방해도 받지 않고 머무를 수 있는 공간으로 찾아가라. 편안한 자세로 앉은 다음, 삶에서 당신을 즐겁고 행복하게 해주는 무언가를 떠올리면서 당신의 마음이 걱정하는 그 대상에서 멀어지게 하라. 그러면 고요함이 점차 당신의 마음에 스며들어 걱정이 사라질 것이다.

당신의 마음이 걱정이라는 낮은 차원으로 다시 돌아가려 하면, 곧바로 생각의 힘을 활용해서 더 높은 차원의 마음인 고요함으로 되돌아와야 한다. 이 연습만 충분히 이루어지면, 당신은 어려움을 해결하는 데 마음을 온전히 집중할 수 있게 된다. 이것이 잘되면 걱정하는 동안에는 해결할 수 없었던 복잡한 문제가 단순해지며, 오직 고요하고 흐트러짐 없는 마음 상태일 때만 얻을 수 있는 명확한 통찰력과 완벽한 판단력이 생긴다. 이때 비로소 당신은 어떤 과정을 거쳐야 하고, 그 과정에서 어떤 결과물을 끌어낼 수 있는지 알게 된다.

처음에는 고요한 내면을 만들기가 쉽지 않다. 그런데 생각해 보라. 세상의 모든 것들 중 처음부터 쉽고 익숙하게 잘되는 일은 존재하지 않는다. 고요한 마음은 매일 노력한다면 틀림없이 누구라도 얻을 수 있다. 그리고 **당신만의 고요한 그 시간 동안 떠오른 방안은 반드시 실행하라. 그렇게 하지 않으면 당신이 일상으로 돌아갔을 때, 업무에 휩쓸리며 다시 온갖 걱정들이 찾아와 당신을 지배하기 시작할 것이다.** 또는 이미 결정했던 그 방안이 잘못되거나 선

부른 판단 같다는 생각이 들 수 있다. 그러나 그런 생각에 귀를 기울이지 마라. 걱정의 그림자를 따르지 마라. 대신에 고요한 통찰력이 인도하는 길을 철저하게 따르라.

고요한 시간은 깨달음을 얻는 시간이자 올바르게 판단하는 시간이다. 이러한 정신 훈련 과정을 통해 흩어져 있던 생각의 힘은 다시 통합되고, 어둠 속에 있던 문제들을 환하게 비춰보면서 해결할 수 있다.

고요함은 당신을 어떻게 바꿀까? 아무리 큰 어려움이 있더라도 절대로 당신을 굴복시킬 수 없게 할 것이다. 그리고 당신의 목적이 무엇이든 빠르게 실현해 내게 할 것이다.

마음을 편안하게 하는 습관, 즉 '고요 속으로 들어가기'를 매일 실천해 보라. 이 습관은 불안한 생각을 평화로운 생각으로, 나약한 생각을 강인한 생각으로 바꿔준다. 이를 성공적으로 실천하고 나서야 삶의 여러 문제들이나 당신이 원하는 삶을 위해 정신적 힘을 기울일 수 있고, 상당한 성공을 거두는 일도 가능해진다.

고요 속으로 들어가는 이 과정에서 흩어진 생각의 힘이 하나의 방향으로 강력하게 흘러가게 된다. 고요히 생각의 흐름을 통제하는 사람은 자신의 내면과 삶을 비옥하게 만든다. 잘 설계된 배수로가 여기저기 흩어져 있던 물줄기를 하나의 방향으로 잡아줌으로써 쓸모없던 습지가 황금빛 옥수수 밭으로 바뀌는 것처럼.

생각의 힘으로 충동을 지배하라. 고요함이 내면에서 새롭게 자라게 하라. 마음이 안정되면 마침내 당신의 잠재력이 스스로 모습을 드러낼 것이다. 과거에는 그렇게 애를 써도 성과가 미미해서 무력할 뿐이었지만, 이제는 그저 차분하게 성공을 확신하며 일하게 될 것이다.

이러한 새로운 힘과 능력뿐 아니라 여기에 '직관'이라는 내적 깨달음이 깨어나면 어둠과 추측이 아닌 빛과 확신 속에서 걸어갈 수 있다. 내면의 시력이 발달하면 판단력과 통찰력이 한없이 커지고, 예언적인 능력인 직관이 발달해 자신이 노력한 결과를 놀랍도록 정확하게 예측할 수 있다.

자, 이제 당신의 내면이 변화한 만큼 삶에 대한 당신의 생각도 달라진다. 다른 사람에 대한 마음가짐이 달라지면 당신을 대하는 상대의 태도와 행동도 달라진다. 나약하고 파괴적인 생각의 힘을 극복하면 깅하고 고귀한 성신이 만들어내는 긍정적인 흐름에 있게 된다. 행복감은 과거에 비해 헤아릴 수 없을 만큼 커지고, 자기를 통제할 때마다 무한한 기쁨을 얻게 될 것이다.

이러한 기쁨, 정신력, 힘은 계속해서 당신에게 투사되어 아무런 노력을 기울이지 않아도, 아니 당신이 전혀 의식하지 못하더라도, 강한 사람들이 당신에게 몰려와 당신의 영향력은 올라갈 것이다. 아울러 변화된 당신의 정신세계에 어울리는 외부의 사건들이 저절로 일어날 것이다.

자신을 아주 조금이라도 통제하게 되면 정신적인 힘은 상당히 증대된다. 더 나아가 잘 통제하게 되면 과거에는 감히 꿈조차 꿀 수 없었던 현명함과 내적인 힘을 얻게 된다. 우주의 모든 힘은 자신의 내면을 지배하는 사람이 가는 길을 보호해 준다는 사실을 잊지 마라.

그대가 가장 높은 곳에 오를 것인가,
가장 낮은 곳까지 내려갈 것인가는
아름다운 생각을 하며 사는가 아니면
천박한 생각에 빠져 사는가에 달려 있다.

당신의 생각들이 바로 당신이 원하는 세계가 되기도 하고
당신의 지옥이 되기도 하기 때문이다.
행복은 생각 밖에서는 존재하지 않으며
마음의 고통도 생각을 통해서만 느낄 수 있다.

악은 악한 일을 꾀하는 생각이고
선은 선한 일을 꾀하는 생각이다.
빛과 어둠, 교활함과 순수함도
모두 생각에서 자라난다.
가장 위대한 것에 관해 생각하라.
그러면 가장 위대한 존재를 보게 될 것이다.

가장 고귀한 것에 마음을 고정하라.
그러면 가장 고귀한 존재가 될 것이다.

잠잠하고 고요하라

　마음의 평온함은 현명함이 만든 아름다운 보석이자 자제력을 기르기 위해 오랫동안 노력한 결과이다. 마음이 늘 평온하다는 사실은 경험이 충분히 무르익었으며 생각의 법칙과 생각의 작용에 대해 이해하고 있다는 의미이다.

　사람은 생각이 발달한 존재이기에 자기 자신을 이해하는 만큼 평온해진다. 이러한 깨달음은 다른 사람들, 즉 '타자' 역시 생각의 결과물이라는 사실을 이해해야 얻을 수 있다. 어떤 사실에 대해 이해하는 능력을 키우고, 사물과 현상의 관계를 인과로써 명확하게 볼수록 안달하거나 분노하거나 걱정하지 않고, 흔들림 없이 평온한 마음을 유지하게 된다.

마음이 평온한 사람은 자신을 다스리는 방법을 터득했기 때문에 자신을 다른 사람의 눈높이에 맞추는 법을 알고 있다. 사람들은 그의 정신적인 힘을 높이 평가하고 그에게 배우고 의지할 수 있겠다고 생각하게 된다. 마음이 평온해질수록 사람은 더 큰 성공을 거두고 더 큰 영향력을 발휘하게 되며 가치를 공유하는 선을 행할 능력도 증대된다. 평범한 사업가라도 자제력과 평정심이 커질수록 사업은 더 번창하게 된다. 왜 그럴까? 사람들은 언제나 평온한 태도를 지닌 사람과의 거래를 선호하기 때문이다.

　강인하고 침착한 사람은 언제나 신뢰와 존경을 받는다. 그는 메마른 땅에 그늘을 드리워주는 나무요, 폭풍우 속에서 피난처가 될 바위 같은 존재이다. 평온한 마음과 상냥한 태도, 안정된 삶을 사랑하지 않을 사람이 어디 있겠는가? 이런 축복을 소유한 사람들은 어떤 일이 일어나든, 어떤 변화가 생기든 휘둘리거나 흔들리지 않는다. 평정심이라 일컫는 완벽하게 균형 잡힌 마음은 자기 훈련의 마지막 단계이자 인생의 꽃이며 영혼의 결실이다.

　자신의 삶을 망가뜨리고, 걸핏하면 화를 내는 성미 때문에 인생에 아름답고 사랑스러운 모든 것을 파괴하며, 인격에 균열을 일으켜 서로 간의 분노와 악감정을 품는 사람이 주위에 얼마나 많은가. 이들은 대부분이 자제력이 부족해서 자신의 삶을 황폐하게 만들고 행복을 망친다. 완성된 인격의 특징인 완벽한 평온함과 분별력을 갖춘 사람을 만나기가 얼마나 어려운가!

그렇다. 사람은 통제할 수 없는 걱정에 휩싸이고 제어되지 않는 슬픔에 동요하며 걱정과 의심에 이리저리 휘둘린다. 오직 자신의 생각을 스스로 다스리는 현명한 사람만이 영혼에 불어닥친 폭풍을 잠잠하게 만들 수 있다.

세파에 시달리는 영혼들이여, 당신이 어디에 있고 어떤 상황에 놓여 있든, 삶의 바다에는 축복이라는 섬이 당신을 향해 미소 짓고 있으며 이상이라는 햇살 가득한 해변이 당신을 기다리고 있다. **생각이라는 인생의 방향키를 단단히 붙잡아라. 영혼이라는 배 안에 선장이 몸을 기댄 채 잠을 자고 있는가? 이제 그를 깨워라.** 자제력은 배를 움직이는 힘이고, 긍정적인 생각은 숙련된 기술이며, 평온한 마음은 능력이다. 당신의 마음에게 이렇게 명령하라.

'잠잠하고 고요하라.'

마음에 부디 의미 있는 씨앗을 뿌려라

사람의 마음은 정원과 같아서 조화롭게 가꿀 수도 있고 온갖 풀이 제멋대로 자라도록 방치할 수도 있다. 그러나 가꾸든 방치하든 싹은 반드시 돋아난다. 의미 있는 씨앗을 뿌리지 않으면, 어디선가 쓸모없는 잡초 씨앗이 날아와 온통 잡초만 무성해질 수도 있다.

정원사가 자신의 정원에서 잡초를 제거하고 원하는 꽃과 과일나무를 키우는 것처럼, 사람도 마음이라는 정원에서 '부적절하고 무익한 생각'을 모두 제거하고, '적절하고 유익한 생각'이라는 꽃과 열매를 완벽하게 가꿔야 한다. 이 과정을 거치며 당신은 한 가지 절대적 사실을 깨닫게 될 것이다. 바로 내 영혼의 정원사와 내 인생의 총책임자가 바로 '나'라는 동일 인물이라는 사실을 말이다. 인격과 상황과 운명을 만들어가는 데 생각의 힘이 얼마나 크게 영향을 미치는지 아는가?

생각과 인격은 하나이다. 인격은 평소엔 잘 드러나지 않다가 오직 특정 환경이나 상황에 놓였을 때 발현된다. 이를 통해 삶의 외부 조건들은 항상 내면 상태와 유기적인 관계를 맺고 있다는 사실을 알 수 있다.

인격에 새겨둔 생각들이 사람들을 저마다 지금의 자리로 이끌어 왔다. 삶에서 벌어지는 상황에 우연은 존재하지 않는다. 모든 일은 절대 인과법칙에 따라 만들어진 결과이며, 여기에는 실수가 개입할 수 없다. 이 법칙은 자신의 상황에 만족하는 사람이나 불편함을 느끼는 사람이나 모두에게 똑같이 적용된다.

사람은 계속해서 발전하고 진화하는 존재이기에 결국 자신이 배우고 성장할 수 있는 장소에 머물게 된다. 그래서 '어떤 상황'이 담고 있는 교훈을 배우고 나면 그 상황을 떠나 다른 상황으로 옮겨가게 된다.

사람은 자신이 외부 환경의 산물이라고 믿는 한, 외부 상황에 시달릴 수밖에 없다. 그러나 자신이 마음 밭에 자기 존재라는 씨앗을 뿌려 외부 상황에 영향을 주는 창조적인 힘 자체라는 사실을 깨달으면, 자신의 진정한 주인이 된다.

자신을 통제하는 연습을 어느 정도 해온 사람들은 누구나 외부 상황이 생각으로부터 자라난다는 사실을 잘 알고 있다. 정신적 변화 정도에 정확히 비례하여 상황이 변한다는 사실을 경험하고 관찰해 왔기 때문이다. 만약에 어떤 사람이 자신의 인격적 결함을 바로잡기 위해서 부단히 노력했는데, 눈에 띄는 발전을 빠르게 이뤄낸다면 외부 상황도 빠르게 변화를 겪는다.

영혼은 마음속에 은밀히 품고 있는 생각을 끌어당긴다. 좋아하는 것뿐만 아니라 두려워하는 것도 끌어당긴다. 그래서 소중히 간직해온 열망의 경지만큼 높이 올라가고, 억제하지 못하는 욕망의 수준만큼 추락한다. 결국에 상황은 영혼이 스스로 품고 있는 것을 얻는 수단이다.

마음속에 뿌려지거나 떨어진 모든 생각의 씨앗은 그 자리에 뿌리를 내린다. 그리고 머지않아 행동이라는 꽃을 피우며, 기회와 상황이라는 열매를 맺는다. 좋은 생각은 좋은 열매를 맺고, 나쁜 생각은 나쁜 열매를 맺는다.

진리를 아는 사람은
언제나 평온하다

 평온하지 않은데 강한 힘을 지닌 사람이 있다면, 그는 자기 힘을 제대로 사용할 수 없기에 결국 '과장된 나약함'에 머물 뿐이다. 외부에서 비롯된 온갖 사소한 방해와 소음만으로도 평정심을 잃는 사람이 무슨 정신적인 힘이 있겠는가? 삶의 위기에서 부정적인 것들에게 쉽게 굴복하거나 과한 분노를 터뜨린다면 어떻게 사람들에게 영향력을 발휘할 수 있겠는가?
 고결한 사람은 스스로 절제하고 자신의 '격정'과 '감정'을 감시한다. 이러한 방법으로 마음을 자신의 통제 아래에 두어야 점차 평온함을 얻게 된다. 원한다고 해서 바로 내일부터 평온함을 얻을 수는 없지만, 당신이 점점 평온해질수록 영향력, 능력, 탁월함, 충만한 부를 얻게 될 것이다.

이와 달리 감정과 격정을 마치 자신의 주인처럼 삼고, 스스로를 통제하지 않으며 한시적인 쾌락을 추구하는 사람은 성공하는 삶을 살아가기에 아직 적합하지 않다. 이런 사람은 평온이라는 보석을 인식하지도 못하고 설령 인식했다 하더라도 받아들이지 못한다. 입술로는 행복을 빌더라도 마음으로는 행복을 바라지 않는다. 그들이 말하는 '행복'이라는 단어는 단지 그들이 즐기고 싶어 하는 또 다른 일시적인 쾌락을 의미할 수도 있다.

사람이 완벽한 평온함에 도달하기는 어렵지만 높은 수준의 평온함에는 도달할 수 있으며, 그 방법은 간단하다. 먼저 평온함과 반대되는 모든 불안과 흥분을 버려야 한다. 일단 그것부터 시작이다. 그런 다음 특정 사건이나 급작스런 상황에도 격렬하게 반응하기를 그만두어야 한다. 쉽지 않겠지만 한 번 성공했다면, 그다음에도 할 수 있게 될 것이다. 평온함은 그렇게 점진적으로 내면에 쌓아가야 길러진다.

사람은 자기 자신을 통제할 수 있는 만큼, 스스로와 다른 사람들에게 기쁨이 될 수 있다. 이러한 자기통제는 실천을 반복하면서 얻을 수 있다. 이를 위해서 스스로의 나약함을 이해하고 자신의 인격에서 어떻게 하면 이 나약함을 없앨 수 있을지를 생각해야 한다. 자기통제를 포기하고 싶은 순간이 있겠지만, 그저 계속 반복하라. 그렇게 얻은 각각의 작은 성공(어떤 성공도 작다고 말할 수는 없지만)

을 통해 훨씬 더 깊은 평온을 얻게 될 것이며, 평온을 당신의 인격에 영구적으로 새기도록 하라.

평온한 사람은 자기 내면에서 절대 마르지 않는 '행복의 샘'을 발견한 것과 같다. 그의 능력은 완전히 자신의 통제 아래에 있으며 그의 잠재력에는 한계가 없다. 그는 자신의 에너지를 어떤 방향으로 사용하든지 독창성과 힘을 발휘하게 된다. 이는 그가 특정 상황을 겪을 때 자신의 의견을 기초로 하지 않고, 있는 그대로 파악하며 다룰 수 있다는 의미이다. 만일 그가 어떤 의견을 가지고 있더라도, 자기 의견을 인식할 뿐 본질적인 가치는 없다고 여기고 거기에 휘둘리지 않는다.

평온한 사람의 마음은 잔잔한 호수의 표면과 같아서 그 사람의 삶과 그가 살면서 마주하는 상황을 있는 그대로 정확하게 비추어 본다. 반면에 불안한 사람의 마음은 일렁이는 바다의 표면과 같아서 그 위에 드리워진 모든 대상의 이미지를 왜곡해서 이해한다. 평온함으로 자신의 자아를 정복한 사람은 자기 내면의 고요한 심연을 들여다보면서 실제 모습이 있는 그대로 반영된 우주의 모습을 본다. 그는 완전한 질서와 체계를 갖춘 우주의 완벽함을 보고서 사람의 운명은 자기 자신을 포함해서 모두 공평하다는 사실을 깨닫는다.

세상이 부당하고 가혹하다고 여기는 부분(이전에는 그에게도 그렇게 보였다)조차 이제는 자신의 과거 행동이 초래한 결과라는 사실을 깨닫고 기꺼이 받아들인다. 그리하여 평온함과 함께 무한한 잠재력까지 계속해서 자신의 곁에 머무르게 한다.

평온한 사람은 동요하는 사람이 실패하는 곳에서 성공을 거둔다. 그는 자기 내면의 가장 복잡한 문제와 어려움을 성공적으로 해결했기에 외부적인 그 어떤 어려움도 대처할 수 있다. 내면을 다스리는 데 성공한 사람은 외부를 잘 다스릴 수 있다. **평온한 마음은 어려운 상황에서 모든 측면을 파악하고서 어떻게 대처해야 하는지 가장 잘 이해한다. 반대로 동요하는 마음은 길을 잃어버린 마음이다. 눈이 어두워져 가야 할 곳을 보지 못하고 오직 자신의 불행과 두려움만 본다.** 평온한 사람이 지닌 잠재력은 그에게 닥칠 수 있는 모든 사건을 뛰어넘을 정도로 뛰어나다. 그를 놀라게 할 수 있는 일은 아무것도 없다.

올바르게 살고 있다는 착각

모든 결과에는 원인이 존재한다. 이 말은 과학자들 사이에서 자명하다. 이 이치를 인간 행동의 영역에 적용하면 '정의의 원리'를 밝혀낼 수 있다.

가장 작은 먼지 한 점부터 가장 거대한 항성에 이르기까지 우주의 모든 부분이 완벽한 조화를 이루고 있다는 사실은 이제 과학자들뿐 아니라 모든 사람이 다 알고 있다. 우주는 어디에서나 절묘하게 운행한다. 우주 공간을 장엄하게 운행하는 수백만 개의 항성들, 각각의 항성 주위를 회전하며 이동하는 행성들, 광대한 성운, 무수한 운석, 상상할 수 없는 속도로 무한한 공간을 여행하는 거대한 혜성 무리를 포함하는 별들의 세계는 완벽한 질서 속에서 돌아간다.

　비단 우주뿐만이 아니다. 무수한 양상을 띠는 생명 현상들, 다양한 형태를 지닌 생명체들을 포함한 자연계에서도 특정한 법칙들이 명확하게 작용하며, 이 법칙의 작용이 있기에 자연계가 혼란에 빠지지 않고 조화를 이룬 채 유지되고 있다. 만일 이 우주적인 조화가 아주 작은 부분이라도 깨진다면, 우주는 존재하지 않을 것이다. 우주를 지탱하는 그 질서와 조화가 사라지면 온 우주에는 혼란만 남을 것이다. 보편의 법칙이 다스리는 우주에서 그 법칙을 무시하거나 무효화할 수는 없다. 또는 보편의 법칙보다 더 우월한 개인의 힘은 존재할 수 없다.

　눈에 보이든 보이지 않든, 세상의 모든 존재는 이 무한하고 절대적인 인과법칙에 종속되며 그 영향권 아래에 있다. 눈에 보이는 모든 존재가 인과법칙을 따르듯이, 보이지 않는 모든 존재도 인과법칙을 따른다. 은밀한 것이든 드러난 것이든 상관없이, 사람의 모든 생각과 행동은 인과법칙을 피할 수 없다.

　옳은 일을 행하면 보상을 받는다.
　그릇된 일을 행하면 그에 상응하는 대가를 치른다.

　바로 이 완벽한 정의가 우주를 지탱하고 있다. 당연히 인간의 삶과 행위도 이 정의에 규제를 받는다. 오늘날 세상에 나타나는 삶의 다양한 양상들은 이 법칙이 인간 행위에 적용된 결과이다. 인간은 원인을 선택할 수 있고 실제로도 선택하고 있다. 그러나 결과의 본질을 바꿀 수는 없다. 어떤 생각을 하고 어떤 행위를 할지 결정할 수는 있지만, 그 생각과 행위의 결과를 좌우할 권한은 없다는 말이다. 결과는 오직 우주를 다스리는 법칙에 의해서만 규정된다.

인간은 어떤 행위든 할 수 있는 힘이 있지만, 그 힘의 범위는 그 행위에 국한된다. 행위의 결과는 임의로 변경하거나 무효화하거나 피할 수 없으며, 그 결과는 결코 돌이킬 수 없다. 부정적인 생각과 부정적인 행위는 고통스러운 상태를 초래하고, 긍정적인 생각과 긍정적인 행위는 행복한 상태를 확정짓는다. 이처럼 사람의 힘은 자신의 행위에 국한되어 영향을 미칠 수 있고, 사람의 행복과 불행은 이러한 스스로의 행위로 결정된다. 이러한 진리를 알면 삶은 단순 명료해지고 혼동의 여지도 없어진다.

삶의 문제를 해결하는 일은 수학 문제를 계산하는 것에 비유할 수 있다. 수학의 기본 원리와 공식을 아직 파악하지 못한 학생에게 수학 문제는 혼란스러울 정도로 어렵고 복잡하기만 하다. 그러나 일단 해법의 실마리를 파악하고 나면 이전에는 너무나 복잡하다고 느꼈던 문제가 놀라울 정도로 단순해진다. 인간의 삶도 똑같다. 삶의 단순성과 복잡성은 다음과 같은 사실을 완전히 인식하고 깨달음으로써 이해할 수 있다. 즉 잘못 계산하는 방법은 수십, 수

백 가지가 될 수 있지만, 문제를 올바르게 해결하는 방법은 오직 하나뿐이다. **올바른 방법을 찾으면, 학생은 자신이 찾은 방법이 옳다는 사실을 안다.** 그러면 혼란은 사라지고 자신이 그 문제를 완전히 이해했음을 깨닫게 된다.

학생은 틀리게 계산하는 동안에도 자신이 올바르게 계산하고 있다고 생각할 수 있지만 확신하지는 못한다. 여전히 혼란을 느끼고 있기 때문이다. 그러나 그가 성실하고 현명한 학생이라면, 선생님이 잘못된 부분을 짚어주는 즉시 자신의 실수를 깨달을 수 있다. 삶도 마찬가지다. **사람들은 무지 속에서 잘못 살아가고 있으면서도 올바르게 살아가고 있다고 착각할 수 있다.** 그러나 의심, 혼란, 불행을 겪고 있다면, 이는 그 사람이 아직 올바른 길을 찾지 못했다는 확실한 증거이다.

어리석고 부주의한 학생들은 정확한 계산법을 익히기도 전에 문제를 올바르게 풀었다고 생각하고 넘어가려 한다. 그러나 선생님은 그러한 오류를 빠르게 감지하고 알려준다. 이와 마찬가지로 삶의 결과도 '위대한 법칙의 눈'이 인간의 오류를 감지해 낸다. 2 곱하기 5는 영원히 10이다. 아무리 무지하고 어리석고 착각에 빠져 있다고 해도 결과를 11로 바꿀 수 없다.

표면적으로만 보면 한 조각의 천은, 단순한 천 조각으로만 보일 것이다. 그러나 제작 과정을 알아보고 천 조각 자체를 꼼꼼하게 살펴보면 두 가지 사실을 알 수 있다. 하나는 천 조각은 각각의 실이 결합하여 구성된다는 사실이고, 또 다른 하나는 천을 구성하는 모든 실이 서로 의존하고 있으면서도 결코 다른 실과 뒤섞이지 않고 각자의 방향대로 뻗어 있다는 사실이다. 즉 **한 조각의 천은 천을 구성하는 각각의 실들이 뒤죽박죽 무질서하게 엮이지 않았기 때문에 완성될 수 있었다.** 실들이 무질서하게 꼬여 있었다면 그저 한 뭉치의 실이나 쓸모없는 헝겊이 만들어졌을 것이다.

   삶은 한 조각의 천과 같으며, 각자의 삶은 천을 구성하는 실들과 같다. 그 실들은 서로 의존하고 있으면서도 서로 뒤엉키지 않는다. 각각의 실은 각자 가야 할 방향대로 뻗어나간다. 사람들은 다른 사람의 행위가 아니라 자신이 행한 행위의 결과 때문에 괴로워하거나 즐거워한다. 각자가 나아가는 방향은 단순하고 명확하지만, 그것들이 모여 만들어진 전체는 복잡하면서도 조화로운 일련의 결합을 이루고 있다. 작용과 반작용, 행위와 결과, 원인과 결과는 서로 균형을 이루면서 존재하며, 반작용의 결과는 언제나 초기에 가한 작용과 정확하게 비례한다.

   조잡한 재료로 튼튼하고 만족스러운 천을 만들 수 없듯이, 이기적인 생각과 나쁜 행위의 실로 만족하며 입을 수 있는 옷, 즉 자신이 원하는 삶을 만들 수 없다. **원하는 삶을 만들어내거나 사라지게 만드는 주체는 자기 자신이다. 이웃이나 외부 요인에 의해 만들어지거나 사라지지 않는다. 사람이 하는 모든 생각과 모든 행위는 삶이라는 옷을 만들 때 재료로 사용되는 하나의 실**(질이 좋든 나쁘든)**이**

다. 그리고 모든 사람은 자신이 만든 옷을 입어야 한다. 당신에게는 다른 사람의 행위에 대한 책임이 없다. 당신은 이웃에 사는 사람의 행위를 관찰해야 할 관리자가 아니기 때문이다. 그러나 자신의 행위에 대해서는 스스로 책임을 져야 한다. 자기 행위에 대한 관리자는 자기 자신이기 때문이다.

'악의 문제'는 인간이 악한 행위를 할 때 그 안에 이미 존재한다. 루소는 이렇게 말했다.

> '인간이여, 더 이상 악의 근원을 찾지 마라. 당신 자신이 바로 그 악의 근원이다.'

결과는 원인과 결코 분리될 수 없으며, 본질적으로 원인과 다르게 변할 수도 없다. 에머슨은 이렇게 말했다.

> '정의의 실현은 결코 연기되는 법이 없다. 완벽한 공정함이 삶의 모든 부분에서 균형을 조절하기 때문이다.'

원인과 결과가 동시에 발생하며 하나의 완전한 전체를 이룬다는 사실에는 깊은 의미가 담겨 있다. 잔인한 생각을 하거나 잔인한 행위를 하면, 그 즉시 자신의 마음이 먼저 상처를 입는다. 그는 더 이상 그런 생각이나 행위를 하기 전과 동일한 사람이 아니다.

그는 조금 더 타락하고 조금 더 불행해졌다. 그런 생각과 행위를 오랫동안 계속하면 그는 잔인하고 불행한 사람이 된다.

반대의 경우에도 동일한 원리가 적용된다. 친절한 생각과 친절한 행위를 하면 그 즉시 마음이 조금 더 고귀해지고 행복해진다. 그는 이전보다 더 나은 사람이 된다. 그런 행위를 오랫동안 계속하면 위대하고 행복한 영혼이 된다.

이와 같이 사람들 각자의 행위는 완전무결한 인과법칙에 따라 자신의 미덕과 악덕, 고결함과 천박함, 행복과 불행을 결정한다. **사람은 생각하는 대로 행동하고, 행동하는 대로 그에 꼭 맞는 존재가 된다. 만일 혼란스럽거나 불행하거나 불안하거나 비참하다면, 스스로를 돌아보라. 모든 고통의 근원은 다른 곳이 아닌 바로 자기 자신에게 있기 때문이다.**

성품과 기질은
가장 변하기 쉽다

"나도 어쩔 수 없어. 타고난 기질이야."

잘못된 행동에 대해서 이런 변명을 자주 듣는다. 이 말은 무슨 뜻일까? 자신의 기질은 바뀌지 않으니, 그것을 토대로 저지른 자신의 행동 역시 선택의 여지가 없다는 신념의 표현이다. '그렇게 태어났기' 때문이란다. 할아버지, 아버지도 그랬기 때문에, 또는 대대손손 집안의 내력이나 기질상의 특성 때문에 자신도 결국 사는 내내 잘못된 방향으로 갈 수밖에 없다고 믿는다는 말이다.

이런 믿음은 완전히 뿌리 뽑아야 한다. 왜 그래야 할까? 이 믿음은 타당한 근거도 없이 모든 성장을 가로막는 장벽이며, 인생에서 성취와 성공이라는 고귀한 경험을 절대로 할 수 없게 만들기 때문이다. 사람의 **성품은 변할 수 있다. 심지어 인간의 본성 가운데 가장 변하기 쉬운 부분이다.** 성품은 스스로 의지를 발휘해서 의도적으로 바꿀 수 있으며, 반대로 성품을 바꾸고자 하는 의지가 없는 경우에도 외부 상황에 영향을 받아 계속 변형되기도 한다. 즉, 사람이 살아가면서 그 성품은 어떤 방향으로든 변한다. 그러나 '어쩔 수 없다.'고 고집스럽게 믿으며 같은 행동을 반복하며 산다면 그대로 굳어질 수 있다. 그러므로 이러한 믿음을 버려야 변화할 수 있다.

이는 기질에 대한 믿음에도 동일하게 적용된다. 자신의 의지를 현명하게 활용한다면 기질은 상당히 빠른 속도로 바뀐다. 그러므로 **당신이 반복하는 그 행동을 멈추면 당신의 기질은 변하고 성품도 변한다.** 오래된 생각이나 행동을 멈추는 것이 처음에는 어렵지만 한 번 두 번 노력을 거듭할수록 어려움은 줄어들다가 마침내 사라지게 된다. 그 이후에는 새로운 좋은 습관이 형성됨에 따라 나쁜 기질이 좋은 기질로 바뀌어 성품이 고상해지고, 마음은 고통에서 벗어나 기쁨을 누리게 될 것이다.

그 누구라도 불행한 기질 때문에 정신적 노예 상태로 살아야 하는 사람은 없다. 부모에게 바람직하지 못한 생각을 고스란히 물려받았다고 그걸 유지하고 보존하며 평생을 살아서도 안 된다. 버리면 되지 않는가? 노예 상태에서 벗어나 자신을 구원하고 자유로워져라.

성품과 기질뿐만 아니라 자제력 역시 마찬가지다. 자제력은 사실 배움으로써 누구나 가질 수 있으며, 강화시켜 나갈 수 있다. 그럼에도 우리가 인생이라는 학교에서 겪는 모든 쓰라린 고통은 자제력을 배우지 못한 데서 비롯된다.

자제력이 없으면 이미 지옥에 있는 것과 같기에 어둠과 불안 속에서 방황하게 된다. 많은 사람이 자제력 부족으로 자신의 몸과 마음을 스스로 지옥에 가두고 수많은 고통과 괴로움을 받으며 살아간다. 자제력을 배우지 못해서 받게 되는 고통과 괴로움은 오직 자제력을 실천함으로써 해결할 수 있다. 즉, 자제력을 대체할 힘은 우주에 존재하지 않는다.

지구상에 존재하는 폭력, 부정함, 질병, 고통을 살펴보면 자제력의 부재로 발생한 문제가 얼마나 많은지, 고로 자제력이 얼마나 필요한지 절실히 알게 된다. 다시 한번 강조하지만 자제력은 누구나 발휘할 수 있다. 가장 나약한 사람도 지금 시작할 수 있다. 다만 시작하지 않으면 여전히 나약한 채로 남아 있거나 심지어 더 약해질 것이다.

슬픔도
당신의 인생이다

　이 세상에는 슬픔이 가득하다. 이것은 인생에 대한 절대적인 사실 가운데 하나이다. **슬픔과 고통은 모든 사람에게 찾아온다.** 인간이란 오늘은 즐거움에 취해 흥청거리다가 내일은 슬픔에 휩싸여 절망한다. 어느 날 예고도 없이 슬픔의 화살이 날아와 기쁨을 죽이고 희망을 꺾고 미래의 계획을 산산이 부순다. 이렇게 가라앉고 상처입은 내면은 인생의 숨은 의미에 대해 깊이 성찰함으로써 치료할 수 있다.
　사람은 슬픔에 잠긴 어두운 시간 동안 진리에 가까이 다가간다. 수년 동안 애써서 쌓아온 희망이 단 한순간에 무너져 피할 곳도 없던 짓밟힌 영혼은 어두운 고뇌를 통과하며 자신이 원하는 삶의 수준만큼 자신의 수준을 함양하게 된다.

기독교에서는 '슬퍼하는 사람들에게 복이 있나니.'라고 하며, 불교에서는 '큰 고통이 있는 곳에 더없는 행복이 있다.'고 말한다. 양쪽 모두 슬픔이 인생의 스승이 되고 삶을 정화해 준다는 진리를 가르치고 있다. **슬픔은 인생의 종말을 가리키지 않는다. 지금까지의 삶을 완성하는 표식이며, 원하는 새로운 삶의 시작점이다.** 슬픔의 끝에는 평온함, 그리고 기쁨이 기다린다.

지금까지와 다른 새로운 삶을 찾는 강한 사람이여! 강한 투사여! 슬픔의 시간은 누구에게나 주어진 삶의 몫이다. 사는 동안 유혹은 계속 찾아올 것이며, 이때 잘못된 생각이 내면의 눈을 가리기 때문에 슬픔과 불안이 나타난다. 어두운 구름이 내면에 드리우면 어둠을 자신의 것으로 받아들이고 어둠 너머에 있는 찬란한 빛을 만날 때까지 용감하게 걸어가라.

나와 상관없고 나에게 궁극적으로 도움이 되지 않는 일은 결코 나에게 닥치지 않는다는 사실을 명심하라. 한 시인은 이렇게 노래했다.

"공간도 시간도 깊음도 높음도
나를 나의 길에서 멀어지게 할 수 없다."

화려하게 빛나는 삶뿐만 아니라 어둠도 당신의 인생이다. 문제와 어려움이 겹겹이 둘러싸고, 실패가 찾아오고, 친구들은 떠나고, 달콤한 말로 칭찬하던 혀가 쓰라린 비난을 퍼붓고 나를 조롱할 때, 어제까지만 해도 함께했던 사랑하는 사람의 유해를 차가운 땅에 묻을 때, 이 모든 일이 나를 덮칠 때 '고립과 고독의 시간'이 나에게 왔음을 인식하고 고뇌의 잔을 마셔야 한다. 조용히 잔을 받아서 마셔라. 짓누르는 어둠과 어지러운 고통의 시간에는 하늘을 향해 부르짖어도 아무런 위로도 얻을 수 없기 때문이다. 오직 당신의 신념만이 견디는 힘을 주고, 고통을 통과할 수 있게 도울 것이다.

항상 기억하라. 모든 부정적인 것들과 슬픔 가까이에 당신의 성공이 있다. 마음이 상한 자에게 치유가 기다리고 있듯, 약한 자가 강한 힘을 갖게 되듯, 억눌렸던 당신의 내면은 그만큼 높이 도약할 수 있다는 사실을 잊으면 안 된다.

5부

한 번의 의지만
발휘하라

당신은 생각을 바꿀 수 있다.
따라서 생각의 결과인 상황도 바꿀 수 있다.
그러니 부디, 당신의 책임이
얼마나 고귀하고 위대한지
깨닫도록 노력하라.

당신에게는 힘이 있다.
당신은 결코 무력한 존재가 아니다.

변화는 누구도
피할 수 없다

보편적으로 존재는 낮은 단계에서 높은 단계로, 높은 단계에서 더 높은 단계로 나아간다. 이 세상은 살아 있는 존재가 경험하고, 경험을 통해 지식을 얻음으로써 현명해지기 위한 장소다.

진화는 진보의 또 다른 표현이다. 진화란 어떤 존재가 전혀 새로운 다른 존재로 창조되는 현상이 아니다. 경험과 변화를 통해 적응하고 수정되는 과정이며 이는 진보라고도 부를 수 있다.

변화는 언제나 우리 앞에 놓여 있다. 그 누구도 피할 수 없다. 식물, 동물, 인간은 태어나고 성숙해지고 다시 흙으로 돌아간다. 무한한 우주를 가로지르는 장엄한 태양과 행성들도 수백만 년을 존재했지만 결국에는 수많은 변화를 겪은 후 쇠퇴하고 사라질 것이다. 어떤 존재도 어떤 사물도 "이대로 영원히 있을 것이다."라고 말할 수 없다. 그렇게 말하는 동안에도 그 존재는 변화를 겪고 있기 때문이다.

변화는 슬픔과 고통을 불러온다. 어떤 존재든 떠나고, 잃고, 사라지면 애도하게 된다. 그러나 변화는 성취, 발전, 완성이라는 길을 열어주기 때문에 실제로는 좋은 것이다.

물질뿐만 아니라 정신도 똑같은 변화를 겪는다. 모든 경험, 모든 생각, 모든 행동이 사람을 변화시킨다. 한 사람의 노년기와 청년기, 어린 시절에는 비슷한 점이 거의 없다.

영원히 그대로 변하지 않는다고 알려진 존재는 없다. 그러한 존재는 우리의 상상 속에 있을 뿐, 실제로 관측하고 알 수 있는 범위를 벗어나 있다. **변화하지 않는 존재는 진보하지 않는다.**

자신을 개선하는 것이
운명을 바꾸는 길이다

상황이라는 외부 세계는 생각이라는 내부 세계에 따라 형성된다. 유쾌한 상황과 불쾌한 상황 모두 궁극적으로는 개인의 성장에 기여한다. 사람은 자신이 뿌린 대로 거둬들이며 고통과 행복 모두를 통해 교훈을 얻기 때문이다.

자신을 지배하는 마음속 깊은 곳의 욕구와 열망, 생각에 따라 외부 상황이 펼쳐지며 그에 따른 열매를 맺고 성취한다. 때로는 불순한 상상이 불러온 헛된 미혹을 뒤쫓기도 하고, 때로는 굳세고 고매한 노력으로 올바른 길을 확고히 걷기도 하면서. 이때 성장과 조정의 법칙은 어디에나 적용된다.

사람이 죄를 지어 교도소에 가거나 가난해져서 빈민 구호소에 가는 일은 운명이나 상황의 횡포 때문이 아니라 자신의 비열한 생각과 천박한 욕망 때문에 일어난다. 순수한 마음을 가진 사람은 단지 외부적인 압박을 받는다고 해서 우발적인 범죄를 저지르지 않는다. 범죄란 한 인간의 마음속에서 오랫동안 은밀히 자라온 부정적인 생각이 기회를 만나서 그동안 축적해 온 힘을 드러낸 결과이다.

상황이 사람을 만들지 않는다. 상황은 그 사람의 내면을 반영해 비춰줄 뿐이다. 부정적인 마음이 전혀 없는데도 고통의 구렁텅이에 빠지거나, 고결한 열망을 갖고 꾸준히 수행하지 않음에도 순수한 행복에 도달하는 일은 생길 수 없다. 사람은 생각의 주인이자 지배자이기 때문에 자기 자신을 창조하고 환경을 만들어가는 존재이다. 태어나는 순간조차 자기 영혼에 부합하는 상황에서 태어나며, 인생을 살아가는 모든 순간마다 자기 영혼에 맞는 상황과 환경을 끌어당긴다. 이때 상황과 환경은 영혼이 지닌 순수함과 불순함, 강함과 나약함을 반영한다.

사람들은 자신이 원하는 것을 끌어당기기보다는 자기 존재와 관련이 있는 것을 끌어당긴다. 일시적인 생각이나 환상, 야망은 매번 좌절되지만, 마음속 깊은 곳에 간직해 온 생각과 욕망이 순결하든 불결하든 그 자신을 자양분 삼아 성장하는 이유도 바로 이 때문이다. 즉 '우리의 운명을 결정하는 신성'은 우리 내면에 있으며, 바로 우리 자신이다. 사람은 자기 자신에 의해서만 속박받는다.

이러한 사실을 고려해 볼 때, '상황에 맞서 싸운다'는 말은 무슨 의미일까? 이 말은 항상 그 원인을 마음속에서 품고 키워왔으나 그것이 외부로 드러난 결과에 대해서는 끊임없이 반항하고 있다는 의미이다. 그 원인은 의식적으로 생각해 낸 부정적인 반응일 수도 있고, 무의식적인 나약함의 표현일 수도 있다.

사람들은 상황을 개선하고 싶어 하지만, 자신을 개선하려고 하지 않는다. 그 결과 여전히 그 상황에 속박된 채로 머무르게 된다. 자기희생을 두려워하지 않는 사람은 마음으로 정한 목표를 반드시 성취한다. 이 진리는 정신적인 목표뿐만 아니라 세속적인 일을 성취하는 데에도 적용된다. **부를 얻는 목표를 성취하기 위해서도 큰 자기 개선의 과정을 통과해야 하지 않는가.**

여기에 비참하리만큼 가난한 사람이 있다. 그는 자신의 처지와 가정 형편이 좀 더 나아지기를 간절히 마라지만 항상 게으르게 일한다. 고용주가 충분한 임금을 주지 않으므로 그를 속여도 괜찮다고 정당화한다. 이런 사람은 성공의 가장 단순한 기본 원리조차 이해하지 못하고 있다. 비참한 상황에서 벗어나기에 완전히 부적합할 뿐만 아니라 나태하고 기만적이며, 비겁한 생각을 계속함으로써 참혹함과 비참함을 끌어당기고 있다.

여기에 폭식으로 끈질기고 고통스러운 질병에 시달리는 부자가 있다. 그는 병을 치료하기 위해 막대한 돈을 사용할 용의가 있으나 식욕을 희생할 생각은 없다. 기름지고 건강하지 않은 음식으로 식욕을 채우면서 건강해지기를 바라고 있다. 이런 사람은 건강한 삶에 필요한 가장 기초적인 원리조차 깨우치지 못했기 때문에 결코 건강해질 수 없다.

여기에 더 많은 이익을 남기기 위해 부정한 방법을 사용해서라도 직원들의 임금을 삭감하려는 고용주가 있다. 이런 사람은 경제적 풍요를 누릴 자격이 전혀 없다. 후에 명성과 부를 모두 잃고 파산하게 되었을 때, 이 상황을 자초한 사람이 바로 자기 자신이라는 사실을 알지 못한 채 상황을 탓할 것이다.

이 세 가지 사례를 소개한 이유가 무엇일까? 두 가지 사실을 말하기 위해서다. **첫째 대부분이 의식하지 못하지만 자기가 처한 상황의 원인 제공자는 자기 자신이다. 둘째 좋은 목표를 세워놓고도 성취하지 못한다면 그 원인 제공자 또한 자기 자신이다. 대부분이 그 목표와 조화를 이룰 수 없는 생각만 계속함으로써 그 목표를 성취하지 못하도록 스스로 방해하고 있다.**

물론 정직한 사람이 가난하게 살 수도 있고, 정직하지 않은 사람이 부유하게 살 수도 있다. 사람들은 일반적으로 어떤 사람은 너무 정직했기 때문에 가난해졌고, 또 다른 사람은 남들보다 훨씬 더 부정직해서 부유해졌다고 결론을 내린다. 그러나 이는 피상적인 판단일 뿐이다. 상황은 너무 복잡하고, 한 사람의 생각은 마음속에 너무나 깊게 뿌리내리고 있으며, 행복의 조건은 사람에 따라 엄청나게 다양하다. 따라서 단순히 드러난 삶의 모습만 보고 그 사람의 정신 상태를 타인이 함부로 판단할 수는 없다.

다만 고통스러운 상황은 정신적으로 조화를 이루지 못한 결과이며, 행복한 상황은 정신적으로 조화를 이룬 결과라는 사실을 기억하라. 이때 정신적 조화의 씨앗인 '올바른 생각' 혹은 '그릇된 생각'의 기준은 도대체 무엇이란 말인가? 올바른 생각의 척도는 물질적 풍요가 아닌 행복이며, 그릇된 생각의 척도는 물질적 결핍이 아닌 불행이다. **부유하면서 불행한 사람도 있고, 가난하면서도 행복한 사람도 있다. 부를 올바르고 현명하게 사용할 때만 행복과 부가 결합한다.** 가난한 사람이 자기 처지가 부당하다고 생각하면 할수록 상황은 실제로 더욱 비참해진다.

비참함의 양극단에는 결핍과 과잉이 자리 잡고 있다. 두 가지 모두 자연의 법칙에 어긋난 상태이며 정신적 무질서의 결과이다. 사람은 행복하고 건강하게 번영하는 존재가 되기 전까지는 올바른 상태에 놓여 있다고 볼 수 없다. 행복과 건강과 번영은 내면과 외부, 그 사람과 주변 환경이 조화를 이룰 때 나타나는 결과이기 때문이다.

부디, 불평과 비난을 멈추어라. 대신에 자기 삶을 다스리는 보이지 않는 정의부터 찾아야 비로소 인간다운 삶을 살 수 있다. 삶을 다스리는 요인에 당신의 마음을 순응시키면, 처한 상황의 원인을 다른 사람에게 돌리지 않고 강인하고 고귀한 생각으로 스스로를 고양할 수 있다. 상황에 맞서 싸우는 대신, 상황을 당신이 더 빠르게 발전하도록 도와주는 도구로 이용하고, 당신 내면에 숨어 있는 힘과 가능성을 발견하는 수단으로 활용하라.

당신이 생각을 근본적으로 바꾸면 물리적인 환경이 얼마나 빠르게 변화하는지 보고 놀라게 될 것이다. 사람들은 생각을 은밀하게 간직할 수 있다고 믿지만 사실 그건 불가능하다. 생각은 빠르게 행동 방식으로 구체화되고, 행동은 환경으로 굳어지기 때문이다.

야만적인 생각은 각종 중독과 방탕한 '행동'으로 구체화되어 나타나며 경제적 궁핍과 질병이라는 '환경'을 초래한다. 모든 불순한 생각은 무기력하고 무질서한 행동으로 구체화되며 혼란스러운 환경과 역경을 초래한다. 두려움과 의심은 나약하고 우물쭈물하는 행동으로 구체화되며 실패와 경제적 빈곤, 맹목적인 의존이라는 환경을 초래한다.

누군가를 증오하는 생각은 비난과 폭력이라는 행동으로 구체화되며 자기 스스로도 상처입고 공격당하는 환경을 초래할 뿐이다. 결국에 이기적인 모든 생각들은 자기중심적인 행동으로 구체화되며, 이 행동들은 크고 작은 고통이라는 환경을 초래한다.

반면에 아름다운 모든 생각은 품위 있고 친절한 행동으로 나타나며 온화하고 쾌활한 환경을 불러온다. 불순물이 섞여 있지 않은 열정적인 생각은 자제하고 절제하는 행동으로 나타나며, 이는 안정되고 평화로운 환경을 불러온다. 용기와 결단력이 있는 생각은 용감하고 지조 있는 행동으로 나타나며 성공과 풍요와 자유를 누리는 환경을 불러온다. 활기 넘치는 생각은 청결하고 근면한 행동으로 나타나며 즐겁고 유쾌한 환경을 불러온다. **온화하고 너그러운 생각은 친절하고 상냥한 행동으로 나타나며 자기 자신을 보호하고 지켜주는 환경을 불러온다. 다정하고 이타적인 생각은 자기 이익을 초월하는 행동으로 나타나며 확실하고 지속적인 번영과 진정한 부를 누릴 수 있는 환경을 불러온다.**

선한 생각이든 악한 생각이든 특정한 생각을 끊임없이 하면 반드시 인격과 상황에 영향을 미치게 된다. **사람은 자신의 환경을 직접 선택할 수 없지만 자기 생각은 선택할 수 있으며, 간접적이지만 확실하게 자신의 환경을 만들어갈 수 있다.**

자연의 섭리는 각 개인이 마음속으로 가장 많이 하는 생각을 충족하도록 도와준다. 또한 선한 생각과 악한 생각 모두를 빠르게 현실로 드러나게 한다.

그러니 질이 좋지 않은 모든 생각을 중단하라. 그러면 온 세상이 당신을 너그럽게 대할 것이고 당신을 기꺼이 도울 것이다. 나약하고 감상적인 생각을 버려라. 그러면 당신의 굳은 결심을 돕는 기회들이 사방에서 나타날 것이다. 스스로 생각하기에도 좋은 생각을 하도록 자신을 격려하라. 그러면 어떤 불운도 당신에게 비참함과 수치심을 안기지 못할 것이다.

당신은 스스로 원하는 모습대로 변화하게 될 것이다.
실패자는 '환경'이라는 무기력한 단어에서
원인을 찾으려 하겠지만,
영혼은 결코 환경의 구애를 받지 않는다.

영혼은 시간을 지배하고 공간을 정복한다.
운이라는 허풍쟁이 사기꾼을 위협하고
상황이라는 폭군에게 왕관을 내려놓고
시종의 자리로 갈 것을 명령한다.

보이지 않는 힘이자
불멸하는 영혼의 결과물인 인간의 의지는
아무리 견고한 장벽이 가로막더라도
이를 뚫고 목표로 향하는 길을 만들어낸다.

지체된다고 조급해하지 말고
깨달음을 얻은 자로서 기다려라.
당신의 영혼이 잠에서 깨어나 스스로 명령할 때
당신의 세상은 현실로 모습을 드러낸다.

당신의 행복을 방해하는
외부 요인은 존재하지 않는다

 언제나 온화한 마음을 유지하며, 오직 순수한 열정으로 마음을 채우고, 어떤 상황에서도 행복을 느낄 줄 아는 태도는 모든 사람이 꿈꾸는 아름다운 성품이자 축복받은 삶의 모습이다. 특히 살아가며 고통을 줄이고 싶어 하는 사람들에게는 이 모습이 더욱 간절할 것이다. 만약에 자신은 무례함과 부도덕함, 불행을 극복하지 못한 채로 어떤 이론 등을 설파해서 세상을 더 행복하게 만들 수 있다고 믿는 사람이 있다면 그는 큰 착각을 하고 있다.
 자신의 부도덕함으로 하루하루 불행 속에서 사는 사람들이 바로 이 세상에 고통의 총량을 날마다 늘리고 있다. 반대로 하루하루 선한 의지를 발휘해 행복의 궤도에서 결코 벗어나지 않는 사람들은 이 세상에 행복의 총량을 날마다 늘리고 있다. 이러한 삶의 차이는 종교적 신념이 있느냐 없느냐와 완전히 무관하다.

배려하며 온화하고 행복하게 사는 법을 배우지 못한 사람은 아무리 학문적 지식이 풍부해도 실제로는 아무것도 배우지 못한 사람과 같다. 인생에서 절대로 변하지 않을 진리는 사람은 행복한 사람으로 성장하는 과정에서 배운다는 사실이다. 적대적인 상황을 맞닥뜨려도 흔들림 없이 밝고 온화하게 행동할 수 있다면 자기 자신을 다스리는 지혜를 갖고 있다는 증거이다.

누구든지 존엄성을 지닌 존재로서 행복하게 살고 싶다면 바로 오늘부터 결단하고 시작할 수 있다. **주변 환경이 방해한다고 핑계 대지 마라. 환경은 당신을 방해하지 않는다. 오히려 당신을 돕고 있다.** 당신의 마음을 흔들어대는 모든 부정적인 환경은 사실 당신이 성장하는 데 꼭 필요한 '재료'다. 그리고 이러한 위협에 직면하고 극복해야만, 사람은 배우고 성장하며 성숙해진다. 즉, **진짜 문제는 당신 안에 존재한다.**

선의로 대하라.
모든 살아 있는 존재를 향해.
무정함, 탐욕, 분노를 버려라. 그리하면,
그대의 삶은 산들바람처럼 부드럽게 흘러가리.

너무 어렵게 느껴지는가? 단순히 어렵다고 생각한다면 당신은 불안하고 불행한 삶을 지속할 수밖에 없다. 하지만 당신이 믿고 바라고 결심한다면 가까운 미래에 행복하고 풍요로운 삶을 실현할 수 있다. 낙심, 성급함, 불안, 불평, 비난, 짜증은 모두 생각과 마음의 병으로써 내면이 올바르지 않다는 징후이다. 따라서 이런 문제로 고생하는 사람은 생각과 행동을 고쳐야만 좋아질 수 있다.

세상은 이미 불행으로 가득해서 오직 배려와 연민이 필요하다. 불행은 이미 차고 넘친다. 세상에 결핍된 것은 바로 당신의 즐거움과 행복이다. 당신이 가장 가치 있는 방식으로 세상에 기여하는 방법은 당신의 인격과 삶에서 아름다움이 우러나게 하는 것이다. 인격과 삶에 아름다움이 없다면 다른 것은 모두 헛될 뿐이다.

항상 비관적인 눈으로 주변의 잘못을 찾아내려는 집착을 버려라. 타인의 잘못에 대해 끊임없이 지적하고, 뒤에서는 불평하는 습관을 멈춰라. 이것을 멈추지 못한다면 당신은 결코 행복한 삶을 살 수 없다. 그리고 다른 사람들 역시 당신의 그런 모습을 보며 당신의 행동을 지적하고 당신이 없을 때 당신에 대해 불평할 것이다. 결국 모두가 모두에게 비관적인 에너지를 방출하게 된다. 이것이 바로 당신이 행복하지 못하고, 세상에 온갖 부정적인 사건 사고가 넘치는 근본적인 이유이다.

세상이 행복해지길 원한다면, 당신이 먼저 행복해져라. 다른 사람이 진실하길 원한다면, 당신이 먼저 진실해져라. 당신이 변하면

주변 모두를 변화시킬 수 있다.

> 한탄하지 마라. 슬퍼하지 마라.
> 타인을 거절하느라, 악한 사람들과 싸우느라
> 인생을 낭비하지 마라.
> 다만 선한 사람들의 아름다움을 노래하라.

당신 안에 있는 선을 깨달으면 자연스럽게 당신도 이렇게 바뀔 것이다.

원하는 삶의 씨앗을
스스로 뿌려라

　봄에 들판과 시골길에 나가보라. 농부와 정원사들이 새로 일군 땅에 분주하게 씨앗을 뿌리는 모습을 볼 수 있다. 정원사나 농부에게 지금 뿌리는 씨앗에서 어떤 열매가 나올지 묻는다면, 틀림없이 바보라는 소리를 들을 것이다. 농부는 '예측'할 필요 없이, 뿌린 씨앗과 같은 종류의 열매가 나올 것이 '당연'하며, 밀과 보리를 뿌리는 이유는 밀과 보리를 얻기 위해서라고 말할 것이다.

　현명한 사람이라면 자연에서 일어나는 모든 현상을 쉽게 알 수 있다. 우리를 둘러싼 자연 세계의 법칙에 작용하는 확실성은 인간의 마음과 삶에도 예외 없이 그대로 적용된다.

　미움이 가득한 사람은 미움을 받는다. 사랑이 가득한 사람은 사랑을 받는다. 생각, 말, 행동이 진실한 사람 주위에는 진실한 친구가 모인다. 신의가 없는 사람 주위에는 신의 없는 친구가 모인다. **잘못된 생각과 행동을 하면서 행운을 바라는 사람은 잡초를 뿌려놓고 곡식을 수확하게 해달라고 기도하는 농부와 같다.**

긍정적인 결과를 얻고자 하는 사람은 긍정적인 가치를 나누어야 한다. 행복을 얻고자 하는 사람은 다른 사람의 행복을 생각해야 한다.

씨앗을 뿌리는 원리에는 또 다른 교훈이 담겨 있다. 농부는 반드시 자신이 가진 씨앗을 성실하고 묵묵히 모두 뿌린 후에 자연의 법칙에 맡긴다. 탐욕스럽게 씨앗을 쌓아두면 씨앗도 잃고 수확물도 없다. 쌓아둔 씨앗은 결국 썩어 없어지지만, 땅에 뿌려진 씨앗은 흙에서 썩어 풍성한 열매로 자란다. 우리의 삶도 마찬가지이다. 우리는 베풂으로써 얻고, 버림으로써 부유하게 된다. 쌓아두면 잃고, 움켜쥐면 빼앗긴다.

부를 늘리고 싶은 사람은 자산이 적더라도 기꺼이 투자한 후 인내심을 가지고 때를 기다려야 한다. 아까운 마음에 돈을 손에 움켜쥐고 쥐고 있는 한, 가난에서 벗어날 수 없을 뿐만 아니라 매일 점점 더 가난해질 것이다. 결국 재산을 불리기는커녕 아까워하던 돈마저 잃게 된다. 그러나 농부가 금처럼 소중한 씨앗을 뿌리듯, 가진 것을 지혜롭게 흘려보내고 성실하게 기다리면 알맞은 수확을 기대할 수 있다.

만약 힘들고 혼란스럽고 슬프고 불행한 사람이 있다면 자신에게 이렇게 물어보라.

'나는 지금까지 어떤 생각을 심었나?'
'나는 지금 어떤 씨앗을 심고 있나?'
'나는 지금까지 다른 사람을 위해 무엇을 했나?'
'나는 지금 다른 사람을 어떻게 대하고 있나?'
'지금 이렇게 쓰라린 열매를 거두는 이유는 이전에
내가 뿌린 문제, 슬픔, 불행의 씨앗 때문이 아닐까?'

당신의 내면을 살펴서 찾아보라. 찾았으면, 지금부터 오직 당신이 원하는 삶의 씨앗을 뿌려라. 농부의 지혜에 담긴 단순한 진리를 배워라.

부정적 욕망의
세계에서 벗어나라

우주에 불의는 없을까? 존재할 수도, 존재하지 않을 수도 있다. 불의에 대한 인식은 어떤 관점으로 세상을 바라보고 판단하며 사느냐에 따라 다르다. 부정적인 욕망에 빠져 사는 사람은 어디에서든 불의가 보인다. 부정적인 욕망을 극복한 사람에게는 삶의 모든 영역에서 살아 움직이는 정의가 보인다.

'나는 무시당했다. 나는 상처받았다. 나는 모욕을 당했다. 나는 부당한 대우를 받았다.'는 생각을 안고 살아가면, 죽는 날까지 정의가 무엇인지 알 수 없다. 부정적인 욕망의 세계에는 분열, 다툼, 전쟁, 소송, 고소, 비난, 부정함, 나약함, 어리석음, 증오, 복수와 원한 등이 가득하다. 판단력을 가로막는 수많은 감정이 맹렬하게 움직이는 세계에 조금이라도 발을 들여놓았다면 어떻게 정의를 깨닫고 진리를 이해할 수 있겠는가? 이는 불타는 건물 안에서 화재의 원인을 추리하며 서 있는 것과 같다.

부정적인 욕망의 세계에서 사는 사람은 타인의 행동에서 불의만 보인다. 원인과 결과를 따져 생각하지 않고, 단지 지금 드러나는 행동만으로 즉시 판단해 버리기 때문이다. 도덕적인 관점에서 원인과 결과를 깨닫지 못한다면, 살아가며 지속적으로 발생하는 사건들을 정확하고 균형 있게 바라보지 못한다. 자신의 행동은 보지 못하고 타인의 행동만 부당하다고 생각한다.

예를 들어 무방비 상태에서 동물을 학대하는 어린아이를 보고, 어른이 나타나 아이를 때려주고, 힘이 센 다른 사람이 나타나 아이를 때린 어른을 공격했다고 가정해 보자. 아마도 각자는 다른 사람은 부당하고 잔인하며 자기는 정의롭고 인도적이라고 생각할 것이다. 당연히 아이도 동물을 학대한 행동이 필요했다고 자신을 정당화할 것이다. 이처럼 무지가 증오와 다툼을 부추기기 때문에 인간은 자신을 알지 못한 채 고통에 시달린다.

욕망과 원한의 굴레 속에 놓여 있으면 인생의 참된 길을 발견할 수가 없다. 증오는 증오를, 욕망은 욕망을, 갈등은 갈등을 부른다. 살인자는 죽임을 당하고, 도둑은 자기 것을 빼앗기며, 다른 동물을 잡아먹는 맹수는 인간에게 사냥을 당하며, 고소하는 사람은 고소당하고, 비난하는 사람은 비난을 받는다.

> 살인자의 칼이 자신을 찌르네.
> 부패한 재판관은 자신의 변호인을 잃고
> 거짓말하는 혀는 거짓으로 망하고,
> 도둑과 사기꾼은 훔친 것을 빼앗기네.
> 바로 이것이 우주가 다스리는 방법.

부정적인 욕망에 사로잡힌 영혼은 불의를 보지만, 욕망을 이긴 선한 사람은 원인과 결과를 분별할 수 있기에 최고의 정의를 본다. 이런 사람은 자신을 불의의 피해자로 여기지 않는다. 불의로 보던 시선을 버렸기 때문이다. 아무도 자신을 해치거나 속일 수 없다는 사실을 깨달았기 때문에, 다른 사람을 해치거나 속이지 않는다. 타인이 아무리 거칠고 부당하게 대해도 고통에 빠지지 않는다. 그 어떤 고통이나 역경이 닥쳐도 **모두 자신이 과거에 했던 행동의 결과라는 사실을 잘 알고 있다.**

분노, 복수심, 이기심, 자만을 버린 사람은 분별의 눈으로 무지와 고통을, 또 다른 쪽 눈으로는 깨달음과 행복을 본다. 인과법칙은 피할 수 없으며 모든 행동에는 합당한 결과가 뒤따른다. **꿈꾸는 동안은 꿈에서 벗어날 수 없듯이 미움, 원한, 분노, 정죄에 빠져 있는 한 불의만 보인다.** 하지만 이 강력한 속박을 극복한 사람은 절대적인 정의가 모든 것을 다스리며 온 우주에 불의 따위는 없다는 사실을 깨닫게 된다.

살아가는 데 '원칙'이 왜 필요한가

　어떤 일을 할 때 무엇이 가장 중요한지, 어떤 일부터 해야 하는지 아는 사람은 현명하다. 중간이나 마지막 단계를 먼저 시삭하던 일은 뒤죽박죽 엉망이 된다. 결승 테이프를 끊고 출발하는 선수는 없다. 반드시 출발선에 서서 출발 신호를 기다려야 한다. 경기에서 이기려면 정확한 출발이 매우 중요하다. 학생은 대수학이나 문학으로 공부를 시작하지 않는다. 숫자 세기와 알파벳을 먼저 배운다. 그렇기에 밑바닥부터 밟아온 사업가가 더 지속적인 성공을 거둔다. 마찬가지로 지금 최고의 위치에 올라 있는 사람은 과거에 허리를 굽혀 하찮은 일들을 하며 평범한 경험들에서 교훈을 얻었을 것이다.

진정으로 행복하고 성공적인 삶을 살기 위해서는 가장 먼저 '올바른 원칙'이 필요하다. 올바른 원칙을 지키지 않으면 잘못된 원칙을 따르게 되고 인생은 엉망진창 비참한 결말을 맞이하게 된다.

각종 산업들과 과학에서 사실상 거의 무한대로 만들어지는 다양한 수식들은 단 열 개의 숫자에서 시작된다. 전 세계 문학을 구성하며 위대한 사상과 지혜를 전해주는 수백만 권의 책도 알파벳 스물여섯 글자에서 비롯된다. 가장 위대한 과학자라도 열 개의 숫자를 무시할 수 없으며, 가장 심오한 천재도 스물여섯 개의 기본 문자를 바탕으로 활용한다. 고로 모든 일의 근본 요소는 가짓수가 적고 단순하다.

근본 요소 없이는 그 어떤 지식이나 성취를 쌓을 수 없다. 삶의 기본 원칙도 마찬가지로 가짓수가 적고 단순하다. 이 원칙을 철저히 배워서 삶의 모든 부분에 적용하면 당신이 원하는 삶, 더욱 빛나는 삶으로 가는 실질적인 토대를 확보할 수 있다.

이제 행동에 대해 말하고자 한다. 인생에서 최우선의 원칙들은 행동 원칙들이다. 사람들이 마치 쉬운 듯 말하지만, 확고한 행동 원칙을 타협하지 않고 실천하는 사람은 많지 않다. 나는 이 행동 원칙들 가운데 다섯 가지만 다루고자 한다. 이 다섯 가지는 삶의 근본 원칙들 중에서도 가장 단순하지만, 직업과 성별, 나이와 관계없이 사회의 모든 구성원들의 일상생활에 가장 밀접하게 적용된다. 이 다섯 가지 원칙들만 잘 적용한다면 당신은 인생의 많은 문제와 실패를 극복하고, 원하는 삶을 살아갈 수 있다.

첫 번째 원칙은 '의무'이다. 의무는 진부하게 들릴 수 있는 단어지만, 근면하고 성실하게 노력하는 사람은 이 단어에 담긴 귀한 보석을 발견할 수 있다. 의무의 원칙은 자기가 맡은 일을 묵묵히 하면서 타인이 하는 일을 방해하지 않는 태도를 말한다. 다른 사람의 일을 끊임없이 간섭하며 가르치는 사람은 대개 자기 일을 제대로 하지 못하는 경우가 많다.

두 번째 원칙은 '정직'이다. 정직은 속이지 않으며 다른 사람에게 부당한 값을 요구하지 않는 태도이다. 말, 표정, 몸짓에 사기, 거짓말, 속임수가 없어야 한다. 빈말을 남발하지 않고 아첨이나 입에 발린 칭찬이 없어야 한다. 정직하면 좋은 평판이 쌓이고, 좋은 평판은 사업을 번창시키며, 언제나 밝고 좋은 일이 따라온다.

세 번째 원칙은 '경제성'이다. 경제성에는 신체적 활력과 정신적 자원을 관리하는 일을 말한다. 소모적인 방종과 나쁜 습관을 피해 당신의 에너지를 보존하라. 경제성의 원칙을 지키는 사람에게는 힘, 끈기, 성취가 따라온다. 경제성을 익히면 익힐수록 당신에게 더 큰 보상이 주어질 수 있다.

경제성에 이어 '후함'이 네 번째 원칙이다. 후함과 경제성은 서로 반대 개념이 아니다. 경제성을 실천하는 사람은 후하게 베풀 수 있다. 돈, 에너지, 정신력 등 무엇이든 헤프게 쓰는 사람은 저급한 쾌락에 너무 많은 것을 낭비하여 남에게 줄 수 있는 것이 없다. 돈을 주는 행위는 후함의 가장 작은 부분에 불과하다. 후함에는 생각을 나누고, 행동으로 돕고, 공감하고, 선의를 베풀고, 비방하는 자와 적대적인 사람들에게 관대하게 대하는 행동 등이 모두 포함된다. 후함은 당신에게 실로 광범위한 영향력을 줄 것이다. 사랑하는 사람과 굳건한 동료를 얻을 수 있으며, 당신이 외로움과 절망을 만났을 때 기꺼이 맞설 수 있는 힘을 주기 때문이다.

'자제력'은 다섯 가지 원칙 중 가장 마지막이지만 가장 중요하다. 자제력을 놓치면 삶은 비참해지고 수많은 실패를 겪게 되며 경제적·신체적·정신적 파탄에 빠진다. 사소한 문제로 고객에게 화를 내는 사업가를 떠올려보라. 마음을 다스리지 못하면 실패할 운명에 처한다는 사실은 너무나 자명하다. 자제력의 기초 단계만이라도 실천하면, 폭발하는 분노의 불길은 타오르지 않는다. 완벽한 자제력을 갖춘 사람은 지금 인생의 어느 단계에 있든 진정한 성공을 이룰 것이다.

평화롭게 살기 바라는
당신에게

　당신의 삶은 당신의 생각과 행동으로 만들어진다. 행복과 불행, 강인함과 연약함, 어리석음과 현명함은 모두 당신 내면의 상태와 태도로 결정된다. 지금 당신이 불행하다면 오롯이 당신의 내면에서 비롯된 현상이다. 외부에서 일어난 사건에 어느 정도 영향을 받는다 해도 불행의 원인은 바로 자신 안에 존재한다.

　만약 당신의 의지력이 약하다면, 당신이 여전히 선택하고 있는 바로 그 생각과 행동 때문에 현재의 상태에 와 있다. 당신이 어리석다면 어리석은 말과 행동을 하기 때문이다.

　사람의 생각과 행동이 그 사람을 만든다. 생각과 행동을 바꾸면 사람도 바뀐다. 사람은 절대 바뀌지 않는다고 생각하는가? 사람에게 의지가 없다면 그 말은 맞는다. 그러나 사람은 의지력이 있는 존재이기에 자신의 성품을 바꿀 수 있다.

  사람은 각자 자신이 하는 생각과 행동, 마음의 상태, 삶에 대한 책임이 있다. 그 어떤 외부의 사건이나 힘, 상황도 누군가를 불행으로 몰아넣을 수 없다. 우리는 모두 각자의 자유의지대로 생각하고 행동한다. 아무리 현명하고 위대한 위인일지라도 심지어 절대적인 지성과 인품을 지닌 자라 할지라도 누군가를 행복하게 만들어줄 수는 없다. 그것은 오직, 자기 자신만이 할 수 있다.

해야 할 일을
수행하는 기쁨

해야 할 일을 성공적으로 해내면 언제나 기쁨이 따른다. 일을 마치거나 작품을 완성하면 언제나 풍요로운 만족감이 찾아온다. 에머슨은 "자신의 임무를 다하면 마음이 가벼워지고 행복해진다."고 말했다. 아무리 사소해 보이는 일이라도 정성을 다해 그 일을 해내면 기분이 좋아지고 마음이 평안해진다.

세상의 모든 불쌍한 사람 중에서도 가장 불쌍한 사람은 게으른 사람이다. 게으른 자는 자신의 수고와 에너지를 들여야 하는 어려운 의무나 필수적인 일들을 회피함으로써 안락함과 행복을 찾으려고 한다. 하지만 그 대가로 마음은 항상 불안하고 불편하며, 간혹 수치심을 느끼고, 담대함과 자존심을 상실한다. 토마스 칼라일

(Thomas Carlyle)은 이렇게 말했다.

"자기 능력에 따라 일하지 않으려는 사람은 스스로가 초래한 필연적인 결과대로 멸망하리라."

직장의 일이든 개인적인 일이든 마땅히 해야 할 일들과 할 수 있는 일들을 하지 않으려는 사람은 인격부터 망가지기 시작하고 나중에는 육체와 환경이 망가진다. 이 사실은 도덕적인 법칙에 근거한다. **삶과 활동은 동의어이다. 사람은 육체적인 노력이나 정신적인 노력을 회피하는 순간부터 쇠퇴하기 시작한다.**

반면에 에너지가 넘치는 사람은 자신의 능력을 최대한 발휘하고, 어려움을 극복하며, 정신이나 육체를 기꺼이 활용해서 자기 일을 완수함으로써 자신의 삶을 '증진'한다.

오랫동안 노력한 끝에 마침내 학교에서 배운 내용을 완전히 통달한 학생은 얼마나 뿌듯하겠는가. 수개월 혹은 수년간의 훈련과 노력을 통해 자기 육체를 단련한 운동선수가 대회에서 최고의 결과를 받았을 때 얼마나 기쁘겠는가. 수년간 노고를 아끼지 않았던 학자가 배움을 통해 발견한 앎을 훌륭한 저작물로 만들어냈을 때 얼마나 벅차겠는가.

어려움과 장애물들을 해결하려고 끊임없이 노력하는 사업가는 자기 힘으로 이뤄낸 성공에 대한 확신과 만족감으로 충분한 보상을 받는다. 단단한 토양을 가꾸기 위해 노력해 온 원예가는 마침내 자신의 노동을 통해 만들어낸 결실을 편안하게 앉아서 맛본다.

인간에게는 더 나은 상태와 더 높은 차원의 성취를 추구하기 위해 계속해 나아가는 자세가 요구된다. 배우기를 열망하고, 간절히 알고 싶어 하며, 성취하기 위해 노력하는 사람은 우주의 중심에서 전해지는 에너지를 얻을 수 있다. 처음에는 작은 일부터 시작하겠지만 단계적으로 점점 더 큰 일로 나아가면서 계속하면 된다. 그러면 마침내 최상의 노력을 기울일 수 있게 되어 자신의 원하는 삶을 성취하게 될 것이고, 마침내 성공하고 나면 끝없는 기쁨을 마주할 것이다.

삶의 대가는 노력이고, 노력의 정점은 성취이며, 성취의 보상은 기쁨이다. 자신을 방해하는 스스로의 목소리와 외부의 모든 자극들을 통과해 낸 사람은 성취의 기쁨이 무엇인지, 지금까지의 삶이 어떤 의미가 있었는지를 한층 더 깊고 넓게 느낄 수 있다.

이해하지 말고
실천부터 하라

위대한 성취를 이뤄내기 위해 노력할 때는 가장 낮고 쉬운 단계부터 시작해야 한다. 그런 다음 점점 더 높고 어려운 단계로 나아가면 된다. 점진적이고 지속적으로 상승하는 단계를 거치는 이러한 성장·진보·발전·전개의 법칙은 삶의 모든 부분과 인간의 모든 성취에 절대적인 영향을 끼친다. 이 법칙을 무시하면 완전한 실패를 겪을 수밖에 없다.

지식을 쌓거나 새로운 일을 시작하거나 사업을 추진할 때는 모든 사람이 이 법칙을 완전히 이해하고 철저하게 지켜야 한다. 그러나 내면의 긍정적인 에너지를 바탕으로 진리를 배우거나 올바른 삶을 추구해 나아가는 과정에서는 거의 모든 사람들이 이 법칙을 깨닫지 못하고 지키지 않는다. 그런 이유로 미덕과 진리, 고결한 삶은 현실화되지 못하고 만다. 그렇다면 우리는 어떻게 해야 하는가?

단계별로 더 높은 수준에 있는 중요한 내용을 깨달으려면 기초적인 내용을 철저히 이해해야 하며, 진정한 이해에 도달하려면 언제나 실천이 먼저 이루어져야 한다.

자녀를 올바르게 교육하는 가정에서는 아이에게 가장 먼저 부모의 말에 잘 따르라는 지침과 모든 상황에서 올바르게 행동하는 법을 가르친다. 아이 입장에서는 처음에는 그렇게 행동하라는 지시만 받을 뿐 왜 그렇게 해야 하는지에 대한 설명은 듣지 못한다. 그러나 아이가 단정하고 올바르게 행동할 수 있게 되면, 비로소 왜 그렇게 행동해야 하는지에 대한 이유를 들을 수 있다. 어떤 부모도 어린아이가 올바른 행동을 할 수 있게 되기 전에 도덕적 원리부터 가르치지는 않는다.

생각해 보면 세상 그 어떤 평범한 일에서도 본질을 이해하는 것보다 실천이 먼저다. 가장 높은 수준에 있는 영적인 일과 고결한 삶을 살아가려는 정신적인 목표에도 이 법칙은 정확하게 적용된다. 결국 모든 일의 미덕은 실천을 통해서만 알 수 있으며, 진리에 대한 지식은 실천을 통해 미덕을 온전히 익힌 다음에야 얻을 수 있다. 세상에는 직접 실천해 보기 전에는 절대로 알 수 없는 것들이 거의 대부분이기 때문이다.

인생을 바꾸는 결심

결심이란 무엇인가? 결심은 개인의 발전을 이끄는 강력한 추진력이다. 결심하지 않으면 어떤 일도 이룰 수 없다. 결심을 실제 행동으로 옮겨야만 삶은 당신이 의도한 대로 빠르게 발전할 수 있다. **결심이 없는 삶은 목표 없는 삶이며, 목표 없는 삶은 불안정하게 그저 떠돌아다니는 삶이다.**

여기서 나는 결심을 잘 활용하고 적용하는 법을 다루고자 한다. 사람이 어떤 결심을 한다는 사실은 현재 상황에 건전한 불만(현재 자신의 상황에 감사하되, 만족하지는 않는 상태)을 품고, 자신의 인격과 삶을 더 낫게 만들기 위해 자기 자신을 다스리기 시작했다는 뜻이다. 사람은 결심에 충실하면 자기 목표를 성공적으로 이룰 수 있다. 현재

보다 더 높은 목표를 향해 나아가겠다는 결의가 확고하면, 극복해야 할 큰 어려움이 닥쳐도 멈추지 않고 걸어갈 수 있다.

그렇다면 진정한 결심은 무엇인가? 강렬한 열망이 있었지만 지금껏 채워지지 않은 채 오랜 시간 생각하고 고민한 끝에 나타나는 마음이 진정한 결심이 된다. 그렇기에 결코 가볍거나 변덕스러운 충동이 아니며 막연한 바람도 아니다. 마음에 품은 높은 목표가 완전히 성취될 때까지 포기하지 않겠다는 엄숙하고 확고한 다짐이 결심이다. 어설프고 성급한 결심은 어려움에 부딪히자마자 산산조각 나버리기 때문에 진정한 결심이라 할 수 없다.

따라서 결심을 지키려면 마음을 무장해야 한다. 높은 목표를 향해 걸어가기로 결심했는데 유혹과 시험에 정면으로 마주하자마자 포기하는 사람이 너무 많다. **유혹과 시험은 새롭게 변화하는 과정에 꼭 필요한 요소이기 때문에 친구처럼 여기고 용감하게 마주해야 한다. 결심의 본질은 무엇인가?** 과거에는 하지 않았던 특정한 생각과 행동을 통해 완전히 새로운 방향으로 길을 내려는 노력이 아닐까?

당신은 힘차게 흐르는 강물의 방향을 바꾸기로 결심한 엔지니어이다. 가장 먼저 하나하나 치밀하게 예방조치를 한 후, 수로를 새로 뚫어야만 한다. 물줄기의 방향을 완전히 바꿔야 하지만, 오랫동안 익숙했던 방향대로 흐르려는 물의 저항이 너무나 거세기 때문에 당신에게는 많은 인내와 세심한 기술이 있어야 성공할 수 있다.

마음을 새롭게 하기로 결심했는가? 그렇다면 새로운 수로를 만드는 것처럼 생각의 방향을 바꿔야 한다. 지금까지 아무 방해 없이 익숙하게 흐르던 정신적 에너지의 방향을 새로운 방향으로 전환해야 한다. 당신이 방향 전환을 시도하기 시작하는 그 순간부터, 감추어 있던 에너지가 강력한 유혹과 시험의 모습으로 정체를 드러낼 것이다. 이는 변화의 과정에 반드시 일어나야 할 일이며, 이것이 세상만사 정해진 법칙이다.

물의 흐름과 마음의 흐름을 바꾸는 일에 그 법칙은 똑같이 작용된다. 그 누구도 법칙을 바꿀 수는 없으므로, 상황이 달라지길 바라거나 불평하는 일은 정말 그 어떠한 의미도 없다. 대신에 이 법칙을 이해하는 법을 배워야 한다. 마음을 새롭게 하는 과정을 모두 이해하고 나면, 당신은 유혹과 시험을 당연히 통과해야만 원하는 삶을 얻을 수 있다는 원리를 깨달을 수 있다. 그리고 마침내 **'어려움을 기꺼이 맞이한다.'**

엔지니어인 당신이 많은 시행착오를 거친 후 마침내 물길을 바꾸는 데 성공하면, 물은 더 넓고 좋은 길로 흐르고, 거센 난류는 가라앉고 가로막던 둑들은 사라질 것이다. 당신이 결심에 따라 행동한다면 결국 당신이 그렇게도 원하던 바로 그 방향으로 생각과 행동의 흐름을 바꾸는 데 성공할 것이다.

마지막으로 이 한 가지 사실을 꼭 기억하라. 결심을 굳힌 후에는 그 어떤 상황에서도 흔들리지 않고 가라. 그래야 실패하지 않고 마음에 품은 선한 목적을 반드시 이룰 수 있다. 더 나은 인생의 길을 찾고자 마음속 깊이 진지하게 결심한 사람이 위대한 법칙을 따른다면 이전에 부정적이었고, 많은 실수와 실패가 있었더라도 그 법칙이 당신을 도와줄 것이다. 성숙하고 흔들림 없는 결심의 길로 가라. 만나는 모든 장애물은 성공을 위한 디딤돌로 이용할 수 있다.

당신에겐 당신을
바꿀 힘이 있다

　신념은 특정한 학파나 철학, 종교에 국한되지 않고 당신의 인생 전체를 결정짓는 사고방식을 의미한다. 당신의 신념과 행동은 절대로 따로 떼어놓을 수 없으며 서로 영향을 주고받는다.

　신념이 모든 행동의 기초이기 때문에 생각을 지배하는 신념은 결국 삶으로 구현될 수밖에 없다. 모든 사람은 자신의 내면 가장 깊은 곳에 뿌리박힌 신념대로 정확하게 생각하고, 행동하고, 생활한다. 이렇듯 마음을 다스리는 법칙은 매우 수학적이기에 한 사람이 상반된 신념을 동시에 가지는 일은 절대 불가능하다.

　예를 들어 정의와 불의, 평화와 갈등을 동시에 같이 믿을 수는 없다. 모든 사람은 두 가지 상반된 신념 중 한쪽만 믿을 뿐 절대로 둘 다 믿으려 하지 않고 믿을 수도 없다. 그리고 자신의 믿음은 그의 일상적인 행동을 통해 그대로 드러난다.

정의로움을 굳게 믿고 이것이 영원히 깨지지 않을 원칙이라고 생각하는 사람은 삶의 불평등 앞에서 냉소적이거나 비관적인 태도를 보이지 않는다. 대신에 흔들리지 않고 침착하게 모든 시련과 어려움을 통과할 뿐이다. 그가 다른 방식으로 행동하는 일은 불가능하다. 정의가 모든 것을 다스린다고 믿는 그에게 불의는 덧없고 공허하기 때문이다.

반면에 주변 사람들의 불의에 대해 끊임없이 분노를 표출하고, 자신이 부당한 대우를 받았다고 불평하며, 세상이 정의롭지 않다고 한탄하는 사람은 자기의 행동과 사고방식을 통해 자신이 불의를 믿고 있다는 사실을 모든 사람에게 드러낸다. 그가 아무리 그렇지 않다고 항변할지라도, 그의 마음 깊은 곳에서는 혼돈과 무질서가 우주를 지배한다는 신념을 지니고 있다. 그렇기에 그는 고통과 불안 속에 살면서 잘못된 행동을 저지르게 된다.

사람은 영원히 변치 않는 원칙을 믿고 질서와 조화 속에서 살든지, 아니면 그 원칙을 거부하고 개인적 삶과 사회적 삶 둘 다에서 혼돈을 겪으며 살든지 선택해야 한다.

엄격하게 분석해 보면, 모든 행동의 뿌리에 신념이 뒷받침하고 있다. **생각과 행동, 습관 하나하나가 확고한 신념에서 나온 결과이며, 오직 신념이 바뀔 때만 행동이 달라진다. 우리는 자신이 믿는**

것을 고수하고, 믿는 대로 행동한다. 어떤 것에 대한 신념이 사라지면 더는 그것을 고수할 수도, 행동할 수도 없다. 이것이 의미하는 바는 명확하다. 당신의 신념이 바뀔 때만 당신의 행동이 달라진다. 달라진 행동들의 결과로 당신의 삶이 바뀐다. 즉, 바로 당신의 신념이 앞으로 펼쳐질 당신 삶의 기초이자 토대이다. 당신은 지금 무엇을 믿고 있는가?

또한 신념이 완성되기 전에, 혹은 신념을 바꾸기 위해서 당신은 스스로의 생각과 행동을 반드시 점검해 보아야 한다. 생각과 행동은 무엇인가?

나무가 열매를 맺고 샘이 물을 내듯이, 생각은 행동을 낳는다. 아무런 원인 없이 갑자기 나타나는 행동은 없다. 자타가 공인하던 강직한 사람이 강렬한 유혹에 넘어져 한순간에 처참하게 무너지는 일도 결코 갑작스럽거나 아무 이유 없이 벌어진 실수가 아니다. **숨어 있던 그릇된 생각이 자란 끝에 드러난 결과일 뿐이다.**

타락은 오래전 마음속에서 시작된 생각의 최종 결과가 눈에 보이는 행동으로 나타나는 현상이다. 그는 잘못된 생각이 마음에 들어오도록 직접 문을 열어주었고, 두 번, 세 번 반복하다가 **결국 잘못된 생각이 마음에 둥지를 틀도록 허락했다. 점점 잘못된 생각이 익숙하고 소중해져서 직접 그 생각을 애지중지 가꾸고 돌봤다.** 이처럼 생각은 점점 자라 마침내 튼튼해지고 무르익어서 기회를 엿보다가 행동으로 터져나온다. 웅장한 건물도 작은 구멍 하나 때문에 서서히 무너지는 것처럼, 강인한 인격을 가진 사람도 부패한 생각에게 마음의 틈을 열어주면 천천히 은밀하게 좀먹다가 결국 타락하고 만다.

그대여, 생각을 잘 간수하라. 오늘 마음에 품은 은밀한 생각이 선하든 악하든 머지않아 실제 행동으로 나타날 수 있기 때문이다.

행동은 생각에 종속되어 있으므로, 어떤 생각을 어떻게 하는지 또 얼마나 자주 하는지가 그 무엇보다 중요하다. 생각들은 무엇에 의해 결정되는가? 마음가짐, 더 정확히는 평소의 마음가짐이 모든 생각들에 관여하고 있다.

당신은 생각하는 존재이기에 **평소 마음가짐에 따라 당신의 인생이 결정된다.** 또한 당신의 지식수준과 성취도 모두 당신의 생각으로 결정된다. **스스로 인식하는 한계는 생각이 만든 경계선이나 장벽이라서 마음가짐에 따라 좁아지거나 넓어지거나 또는 그대로 유지될 수도 있다.**

생각의 주체는 당신이며, 당신 자신과 환경을 만드는 주체도 당신이다. 생각에서 비롯되고 만들어진 결과가 당신의 성품과 삶의 모습이다. **당신의 인생에 우연은 없다.** 화합도 대립도 모두 당신의 생각을 반영하는 메아리일 뿐이다. **사람의 생각은 반드시 삶으로 나타난다.**

평소 긍정적이고 평온한 마음가짐으로 산다면, 당신에게는 기쁨과 행복이 따를 수밖에 없는 생각들이 일어날 것이다. 대립과 증오의 마음가짐으로 산다면, 대립과 증오를 유발하는 생각들이 가득 차서 그로써 당신 내면에 다툼과 괴로움이 드리울 것이다. 악의는 슬픔과 고통을 낳고, 선의는 치유와 회복을 낳는다.

주변 상황이 당신과 별개로 보일 수 있겠지만, 모든 상황은 당신의 생각과 아주 밀접하게 연결되어 있다. 그럴 만한 이유 없이 일어나는 일은 없다. 모든 일은 정당하게 발생한다. 운명으로 정해진 일은 없으며, 모두 원인과 과정을 거쳐 형성된다.

당신은 생각하는 대로 움직인다. 오늘 당신이 있는 위치는 당신의 생각이 이끈 곳이며, 내일도 당신은 생각이 이끄는 곳에 가 있을 것이다.

당신은 생각을 바꿀 수 있다. 따라서 생각의 결과인 상황도 바꿀 수 있다. 그러니 부디, 당신의 책임이 얼마나 고귀하고 위대한지 깨닫도록 노력하라. 당신에게는 힘이 있다. 당신은 결코 무력한 존재가 아니다. 현재는 무지할 수도, 지혜로울 수도 있다. 다만 배우고자 하면 배울 수 있지만, 무지를 선택하면 무지한 채로 남을 것이다. 모든 것이 당신 앞에 놓여 있으니, 어떤 생각을 품을지 당신이 선택할 수 있다.

다른 사람이 선택을 방해할 수 없다. 방해하는 존재는 오직 자기 자신 뿐이다. 아무도 다른 이유로 고통받지 않는다. 오직 자기 자신에 의해 고통받는다.

다른 사람을 대하는 당신의 마음가짐은 거울처럼 당신 자신에게 그대로 반영되며, 삶의 모든 관계에서도 고스란히 나타난다. 당신이 드러낸 불순하고 이기적인 생각은 다양한 고통의 모습으로 당신에게 되돌아온다. 반면에 순수하고 이타적인 생각은 삶의 축복으로 당신에게 되돌아온다. 당신이 처한 상황은 내면의 보이지 않는 원인이 만든 결과이다.

생각의 근원인 '당신'이 모든 '상황'과 '조건'을 만들었다. **자기 자신을 정확히 알면, 삶의 모든 일이 한 치의 오차도 없이 공정하게 하게 일어난다는 사실을 깨달을 수 있다.** 마음의 법칙, 즉 마음가짐에 대해 이해하라. 그러면 더는 자신을 환경의 지배 아래 무력하게 놓인 존재로서 방치하지 않게 된다. 이제부터는 강인하고 분별력 있는 삶의 주인으로 살아가라.

에필로그

결국 '좋은 결과'를 맞이할 당신과
당신의 삶에 전하는 말

삶에서 일어나는 일의 대부분은 당신이 직접 선택했는가? 아니면 당신의 의지나 성격과 아무 상관없이 우연히 혹은 특별한 원인 없이 발생했는가? 당신뿐만 아니라 많은 사람이 후자라고 생각한다. "운이 좋았어요." 또는 "운이 나빴어요." 이런 말들은 벌어진 결과나 상황에 자신이 그 어떤 원인도 제공하지 않았음을 강조한다. 하지만 인생을 좀 더 깊이 통찰해 보면 원인과 결과는 언제나 완벽하게 맞아떨어져 조화를 이룬다. 결국 원인이 없이 생기는 일은 없다.

당신에게 직접적인 영향을 미치는 모든 사건은 당신의 의지와 성격과 밀접한 관련이 있다. 그것은 당신의 의식에 깊게 뿌리박힌

원인이 일으킨 결과이다. 다시 말하면 당신의 인생에서 일어나는 모든 비자발적 사건들은 당신의 생각과 행동의 결과이다. 겉으로 명확히 볼 수는 없지만, 이 근본적인 법칙만큼 명확한 것도 없다. 우주를 움직이는 물리적 법칙과 견주어 보아도 알 수 있다. 물질을 구성하는 원자와 원자 사이의 원리를 파악하려면 생각하고, 조사하고, 실험하는 과정이 필요하다. 마찬가지로 당신 내면의 여러 요소들 간의 상호작용을 파악하고 행동의 패턴을 인식하려면 이러한 과정이 필수적이다.

우리는 뿌린 대로 거둔다. 직접 선택하지 않았더라도 당신에게 일어나는 모든 일들의 원인은 당신 자신에게 있다. 인과관계가 명확히 보이지 않는 일에서도 이 법칙은 똑같이 적용된다. 당신 내면 깊은 곳에는 고통의 근본 원인과 기쁨의 근원, 이 두 가지가 모두 존재한다. 그러니 앞으로 살아가며 항상, 당신의 내면에 '생각'을 바꾸는 데 집중하라. 내면세계의 생각이 바뀌면 슬픔과 고통을 가져오는 외부의 모든 사건도 멈추기 때문이다. 당신은 어쩌면 내면을 긍정적인 것들로 채우면 모든 것이 긍정적으로 '보인다'고 생각할지도 모른다. 그러나 그저 '보이는' 것이 아니라 실제로 모든 외부 사건이 행복하고 질서 있게 변한다.

당신의 생각이라는 원인에 따라 당신의 인생은 선할 수도 악할 수 있고, 또 속박될 수도 자유로울 수도 있다. 생각에서 모든 행동이 나오고, 행동에 따라 그에 상응하는 결과가 나오기 때문이다.

돈을 추구하고, 행복을 갈망하며, 지혜를 얻기를 바라면서 남들은 이런 복을 운이 좋아 저절로 받는다고 생각하면 당신이 원하는 것을 절대로 얻을 수 없다. 열망하고 노력하며 살지 못하도록 방해하는 바로 그 '원인'을 당신이 제공하고 있기 때문이다.

사람들은 악한 행동을 하면서 좋은 결과를 기대한다. 그러나 쓰라린 결과를 거두게 되면 너무나 빨리 절망에 빠지고, 결과에 대해서는 가혹하고 불공평하다며 원망한다. 동시에 타인의 악한 행동을 탓함으로써 근본 원인이 자기 안에 숨어 있을지 모른다는 사실조차 인정하지 않으려 한다. 당신은 그들과는 다르지 않는가? 빛나는 삶, 즉 지혜롭고 행복한 삶을 위해서는 '인생의 올바른 근본 원칙'을 추구해야 한다.

정원사가 '뿌리고 거둔다'는 진리를 따르듯, 당신의 생각, 말, 행동에서 인과법칙을 이해하고 지키려고 노력하라. 이 '우주의 법칙'에 대해 의문을 제기하는 대신에 법칙을 깊이 이해하길 바란다. 그 지혜를 당신 마음속 정원에서도 실천하라. 인과법칙을 완전히 이해하면 당신이 해야 할 일은 한 가지 밖에 없다. 바로 행동이라는 씨앗을 뿌리는 일이다.

성공을 위한 '원칙'과 성공을 가져오는 '원인'을 잘 지키면 잘못된 결과가 발생할 수 없다. 선한 방법을 추구하면 악한 물감이 당신 인생의 그림에 끼어들 수 없고, 인격이란 건물에 썩은 벽돌을 놓아 건물을 흔들리게 할 리 없다. 마음에 선한 열망을 지닌 채 행동하면 좋은 결과가 찾아올 수밖에 없다. 원인이 선한데 결과가 나쁠 수 있다고 말한다면 옥수수를 심었는데 쐐기풀을 거두었다는 주장과 같다.

지금까지 설명한 원리에 따라 삶을 다스려 나아간다면, 당신의 삶은 지속적으로 행복하고 기쁜 방향으로 흘러갈 것이다. **당신의 모든 노력이 계절에 맞게 심어졌다면 삶의 모든 측면에서 좋은 결과를 수확할 수 있다. 이제 '진정한 성공'이 인생의 주인인 당신 앞으로 찾아올 것이다.**

옮긴이 송은선
서울신학대학교에서 기독교교육을 전공했다. 글밥아카데미 영어 출판번역 과정 수료 후 바른번역 소속 번역가로 활동 중이다.

옮긴이 함희영
대학에서 영어를, 대학원에서 TESOL을 전공했다. 대안교육기관에서 학생들을 가르치고 있으며, 글밥아카데미 수료 후 바른번역 소속 번역가로 활동 중이다. 옮긴 책으로는 『니키의 도크다이어리 15』가 있다.

생각의 연금술

초판 1쇄 발행 2024년 9월 25일
초판 8쇄 발행 2024년 11월 15일

지은이 제임스 알렌 엮은이 하와이 대저택
옮긴이 송은선, 함희영
펴낸이 김선준

편집이사 서선행
책임편집 최한솔 편집3팀 오시정, 최구영
표지 디자인 정란 본문 디자인 및 조판 이유진
표지 사진 비타스튜디오 교정교열 이정임
마케팅 권두리, 이진규, 신동빈
홍보 조아란, 장태수, 이은정, 권희, 유준상, 박미정, 이건희, 박지훈
경영관리 송현주, 권송이, 정수연

펴낸곳 (주)콘텐츠그룹 포레스트 출판등록 2021년 4월 16일 제2021-000079호
주소 서울시 영등포구 여의대로 108 파크원타워1 28층
전화 070) 4203-7755 팩스 070) 4170-4865
홈페이지 www.forestbooks.co.kr 이메일 hansolchoi@forestbooks.co.kr
종이 (주)월드페이퍼 인쇄·제본 한영문화사

ISBN 979-11-93506-84-4 (03320)

· 책값은 뒤표지에 있습니다.
· 파본은 구입하신 서점에서 교환해드립니다.
· 이 책은 저작권법에 의하여 보호를 받는 저작물이므로 무단 전재와 복제를 금합니다.

> ㈜콘텐츠그룹 포레스트는 독자 여러분의 책에 관한 아이디어와 원고 투고를 기다리고 있습니다. 책 출간을 원하시는 분은 이메일 writer@forestbooks.co.kr로 간단한 개요와 취지, 연락처 등을 보내주세요. '독자의 꿈이 이뤄지는 숲, 포레스트'에서 작가의 꿈을 이루세요.